1+X 证书制度下职业院校人才培养模式探索

陈 红 著

中国商业出版社

图书在版编目（CIP）数据

1+X 证书制度下职业院校人才培养模式探索 / 陈红著
.-- 北京 ： 中国商业出版社， 2024.5
ISBN 978-7-5208-2918-2

Ⅰ. ①1… Ⅱ. ①陈… Ⅲ. ①职业教育－人才培养－培养模式－研究－中国 Ⅳ. ①G719.2

中国国家版本馆 CIP 数据核字（2024）第101900号

责任编辑 ： 许启民
策划编辑 ： 武维胜

中国商业出版社出版发行
（www.zgsycb.com　100053　北京广安门内报国寺 1 号）
总编室 ： 010-63180647　编辑室 ： 010-83128926
发行部 ： 010-83120835/8286
新华书店经销
北京厚诚则铭印刷科技有限公司印刷
*
710 毫米 ×1000 毫米　16 开　8.75 印张　178 千字
2024 年 5 月第 1 版　2024 年 5 月第 1 次印刷
定价 ： 48.00 元
* * * *

前 言

1+X 证书制度是我国职业教育制度建设的重大创新，是落实立德树人根本任务、完善职业教育和培训体系、深化产教融合校企合作的一项重要制度设计，是促进职业教育教学改革的重要举措，是“学历教育与职业技能培养”有机融合的人才培养模式创新，具有融通性、动态性、协同性、开放性等特征。

1+X 证书制度将带来教育教学管理模式的变革，模块化教学、学分制、弹性学制等新的人才培养模式和教学管理制度将在试点工作中涌现出来，这些新的变化将给职业院校现有的人才培养模式和教育教学管理模式带来机遇与挑战。

本书从职业教育人才培养基础介绍入手，针对职业教育人才培养的理念、目标与机制，职业院校人才培养模式的改革进行了分析研究；另外对1+X 证书制度与职业院校技能人才培养的融合、1+X 证书制度下职业院校人才培养模式优化作了一定的介绍；还对1+X 证书制度下职业院校人才培养质量评价做了研究。本书论述严谨，结构合理，条理清晰，内容丰富新颖，具有前瞻性，其不仅能够为职业院校人才培养提供翔实的理论知识，还能为1+X 证书制度下职业院校人才培养模式的深入研究提供借鉴。

在本书的策划和写作过程中，参阅了国内外有关的大量文献和资料，从中得到启示；同时也得到了有关领导、同事、朋友及学生的大力支持与帮助。在此致以衷心的感谢！本书的选材和写作还有一些不尽如人意的地方，加上作者学识水平和时间所限，书中难免存在缺点和谬误，敬请同行专家及读者指正，以便进一步完善提高。

目 录

第一章　职业教育人才培养概述

第一节　职业教育人才培养模式

一、人才培养模式的概念

模式是再现现实的一种理论性的简化形式。它有三个要点：第一，模式是现实的再现；第二，模式是理论性的形式；第三，模式是简化的形式。

根据"模式"一词的辞典释义和它在各学科领域，尤其是在课程领域使用的实际情况，可以从以下三个由具体到抽象的层面给"模式"下一个比较完整的定义：①模式是供人们分类、参照或复制的一类事物中具有典型特色的代表性事物。它具有特征方面的典型性和功能方面的代表性，它提供了一种范例。②模式是为人们更深刻地认识事物，便于人们进行观察和研究而运用文字符号、图像等表征手段对事物的重要因素、关系、状态、过程等所作的概括性的显示方式。它具有概括性、描述性和阐释性，它提供了一种理论模型或图式、对于同一事物的不同的概括性显示方式。虽然模式的"图像"不一样，但模式的实质和主特征没变。当然，同一事物在其不同的发展阶段，其模式可能不一样。③模式是构造、生成或复制符合人们需要的具体事物的构造性框架，具有构造性或规范性。它提供了一系列原则性的规定、法则，这些规定和法则既符合事物的客观规律，又符合人们的价值准则。

模式是位于经验与理论之间、目标与实践之间的那种知识系统，即某种事物的标准形式，或使人可以照着做的标准样式。培养模式是以某种教育思想、教育理论为依据建立起来的既简便又完整的范型，可供学校教育工作者在人才培养活动中据以进行有序的实际操作，以此达到够实现培养的目标。它集中地体现了人才培养的目的性、计划实施性、过程控制性、质量保障性等一整套方法论体系，是教育理论与教育实践得以发生联系和相互转化的桥梁与媒介。

人才培养模式最高的抽象和概括就是培养人的方式（方法与形式）。人才培养模式是学校为学生构建知识、能力、素质结构，以及实现这种结构的方式，它从根本上规定了人才特征并集中地体现了教育思想和教育观念。人才培养模式就是有目的、有计划地增进人们的知识与技能、培养能力和提高素质的基本方法与形式。

人才培养模式的分类有多种，这里主要依据人才培养过程进行分类。

一个人从出生到培养成才，大致可分为两个阶段。

第一个阶段是从小学开始到大学毕业，主要通过学校教育这种模式进行人才培养，即进行初级（基础）人才的培养。主要依据面授和媒介在人才培养中所起的不同作用，又分为以课堂面授为主的传统学校教育模式和以多种媒体教学为主的远程教育模式等。

第二阶段是从大学毕业走上工作岗位，直到退休，主要通过社会实践来进行人才培养，即进行初级以上的中、高级人才培养。主要根据人才培养的方式不同，又分为在职培养模式、师徒培养模式和自我培养模式等。

关于人才培养模式的定义有以下10种：人才培养模式是教育者教育思想和教育概念的集中体现；人才培养模式实际上是人才的培养目标、培养规格和基本培养方式，它决定着职业院校人才的基本特征，集中体现了职业教育思想和教育观念；人才培养模式是在一定的教育思想指导下，人才培养目标、制度和过程的组合；人才培养模式是由人才培养的指导思想、目标、内容、方式、质量评价标准等要素所构成的相互协调的系统，它反映了人才培养的目标、规格、过程及其评价的规律性关系，是一所学校办学思想、办学水平和办学特色的集中体现；所谓培养模式，即培养目标、业务规格、培养过程、培养方法、教育管理等方面的综合特征或主要特点；人才培养模式就是职业院校所进行的人才教育过程，包括德、智、体等方面全面发展的教育过程和方式；人才培养模式是指在一定的教育理论、教育思想指导下，根据特定的培养目标和人才培养规格，以相对稳定的教学内容和课程体系为依托，不同类型的学校人才的教育和教学模式、管理制度、评估方式及其实施过程的总和；人才培养模式是指人才的培养目标、培养规格、培养方案，它集中反映在人才培养计划（教学计划）上，包括专业培养目标、人才培养规格、学生知识、能力、素质结构、课程体系、教学内容及培养过程等；人才培养模式是指职业院校人才培养目标和质量标准，为学生设计的知识、能力和素质结构以及怎样实现这种结构的方式；人才培养模式是在一定教育思想指导下，培养目标、教育制度、教育过程等要素的组合。

二、职业教育人才培养模式概念

所谓职业教育人才培养模式，是指在职业教育过程中具有一定格式要求的人才培养程序、方式和结构在先进的教育思想指导下，为职业院校学生构建一个复合知识结构、综合能力结构、人格素质结构均衡发展的教育平台。该定义回答了“培养什么样的人才”和“怎样培养人才”这两个根本性问题，具有创新之处。但该定义较为抽象，缺乏可操作性，有待进一步完善。

职业教育人才培养模式除具有人才培养模式的一般属性以外，更具有培养规格的多样性，即教育对象多元性、教学内容实用性和教学方式实训性等特性。

我们抓住这些特点，采用演绎的逻辑方法，尝试给职业教育人才培养模式下一个定义：职业教育人才培养模式是在现代职业教育理念指导下，职业院校为学生构建的知识、能力、素质结构，以及实现这种结构的方式，包括教育理念、培养目标、课程体系和教学模式等要素。

首先，职业教育理念是人才培养模式赖以产生的理论基础。人才培养模式的形成主要有两种方法：一种是归纳法，即通过对人才培养活动的原型进行归纳而形成的一种模式，过去主要采用这种方法；另一种是演绎法，即依据一种或多种人才培养理论，对人才培养活动进行系统设计，形成一种方案或假设，然后经过实践验证而形成的一种模式。现代人才培养活动多采用这种方式。由此可见，任何一种通过演绎形成的人才培养模式，都是依据一定的人才培养理论为基础而建立起来的。人才培养理论在人才培养中既是独立因素，又渗透和蕴含在其他因素中。例如信息加工人才培养模式是以信息加工理论为基础的；个体自我培养模式是以人本主义的理论为基础的。职业教育的人才培养模式是依据我国职业教育思想、素质教育思想、终身教育思想和多元智力理论及建构主义的学习理论等为基础建立起来的。

其次，职业教育培养目标是人才培养模式的核心。任何人才培养模式都是为了实现某种目的、达到某种目标及规格而创立的。培养目标是人才培养模式的核心因素，对其他因素有制约作用。其他因素只是为实现该目的、目标而采用的方式及手段，必须紧紧围绕它而起作用。职业教育的人才培养模式就是为了实现多样化的职业教育的培养目标而建立。具体来讲，一是总体培养目标，即培养社会主义建设需要的德、智、体全面发展的，适应生产建设、管理、服务第一线需要的素质本位型的应用高级专门人才；二是专业教育目标，即口径较宽、基础扎实、人格健全、素质较高、能力较强的全面发展的职业型应用高级专业人才；三是大众素质教育目标，即广泛的、非专业性的、非功利性的基本知识、技能和态度的教育。

再次，职业教育课程是人才培养模式的关键。任何通过演绎法形成的人才培养模式，都是依据一定的人才培养理论、规律、原则和培养对象的知识、能力和素质结构，为达到培养目标的要求，而对人才培养活动系统及要素进行综合的优化设计，形成一种人才培养方案或计划（亦即课程），然后经过实践多次验证、修正，最后才形成的。在此当中，课程设计是关键。远程教育也是一样。它主要包含管理、教学和学习三个子系统，涉及培养目标和规格、教学计划、大纲、媒体、教师、学生、经费、设备、实施和时间等多种因素。

最后，职业教育教学是人才培养模式的主要组成部分。任何一种人才培养模式都离不开培养过程及程序，都有一套独特的培养过程和操作程序，并详细具体地说明人才培养的逻辑步骤和各步骤所要完成的任务，使人才培养模式具有可操作性。职业教育就是通过教育教学的组织和实施过程来完成人才培养任务。同时，任何一种人才培养模式都有一套独特的人才培养方法，来完成人才培养任务，实现培养目标。它是人才培养模式中不可缺少的重要组成部分。职业教育人才培养模式也是一样，它包含在职业教育系统结构的每一组成部分和运行过程中。

第二节 职业教育人才培养的理念

一、职业教育理念的内涵、形态及趋势

（一）职业教育理念的内涵

理念是一个具有能反映一类事物每个个体或一类现象每种个别现象共性之能力的普遍概念，具体说它是诸理性认识及成果的集大成。它既包含了认识、思想、价值观、信念、意识、理论、理性、理智，又涵盖了思维产品的表现物，如目的、目标、宗旨、原则、规范、追求等，而后者使理念这一抽象的概念具有了直观的形象。教育理念是教育主体在教学实践及教育思维活动中形成的对“教育应然”的理性认识和主观要求。教育理念既可以是系统的也可以是非系统的、单一或彼此独立的理性概念或观念，这取决于教育主体对“教育应然”即教育现实的了解和研究程度，以及他们指导教育实践的需要。无论是系统的还是非系统的教育理念，均对教育主体的教育实践发生影响。根据对“理念”和“教育理念”的理解，我们认为职业教育理念应是指人们对职业教育的理性认识、理想追求及其所持的职业教育思想观念。

第一，职业教育是一种主体教育的理念。传统职业教育追求的是对受教育者进行某种技能教育，使之成为某种会劳动的工具，强调受教育者对教师、学校和社会的机械服从和顺应，忽视了受教育者的个性差异和主体性，这种“见物不见人”的教育方式，其塑造出来的人，“人”味很淡，“物”性十足，满身“机油味”，既缺乏主体意识和创新精神，也缺少必要

的职业道德。因而，职业教育也要和其他教育一样，必须全面贯彻党的教育方针，面向全体学生，注意学生个体差异，促进人的个性在职业领域里全面发展。

第二，职业教育是一种全民教育的理念。由于职业教育是一种就业教育，所以它同时也是一种大众化的教育。职业教育是在满足社会上个人的需要和开发个人潜能的同时，为所有人提供技能的教育。职业教育的普及与其提供的学习技能，将会促进全社会所有公民接受教育。

第三，职业教育是一种文化教育的理念。这里指的是一种理念文化，包括价值观念、道德观念和思维方式。实施职业准备教育阶段，在传授一定文化知识和技能的同时，加强职业道德教育，培养学生学会做人，使其日后上岗就业能够热爱本职工作，无私奉献，为个人服务社会从而为社会作出贡献奠定基础。实施职业继续教育阶段，由于树立了劳动的价值观，懂得作为社会人应与社会及其他社会人和谐相处，并依靠自己的双手创造财富，学会了生存，所以，当遇到就业难和上岗转岗、失业等挫折时，能够"笑傲江湖"，战胜自我，勇于创业，使自己能够立于不败之地。

第四，职业教育是一种终身教育的理念。教育的目的，就其同就业和经济发展的关系而言，不应该培养青年人和成人从事一种特定的、终身不变的职业，而应培养他们有能力在各种专业中尽可能多地流动并永远刺激他们自我学习和培训自己的欲望。随着生产力的发展和社会的进步，人的职业、岗位、职业能力会经常变动、更新，这就需要经常不断地参加这样或那样的职业、技术学习，接受继续教育或培训。因此，职业教育是一种终身教育。

（二）职业教育理念的形态

要全面把握职业教育理念，还须深入研究职业教育理念的表现形态。从职业教育理念的表现形态看，可分为职业教育的观念、职业教育的精神、职业教育的使命三个方面。

1. 职业教育的观念

职业教育观念就是人们对职业教育的总的态度和看法。职业教育观念具有如下内涵。

一是职业教育的目标由单纯针对职业岗位扩展到着眼于整个职业生涯。在现代社会中，社会就业人员的利益导向和价值走势，常使其就业经常变更，一个人一辈子固定在一种行业或一个岗位上的时代即将消失。我国自改革开放以来，人才流动已逐渐成为一种常见的社会现象，社会成员正由"单位人"逐渐走向"社会人"，社会人员的这种就业需求必然对职教的目标和内涵产生影响。

二是职业能力内涵已由单纯满足上岗要求走向适应社会发展。这里的职业能力不仅指操作技能或动手能力，而且是指综合的、称职的就业能力，包括知识、技能、经验、态度等为完成职业任务所需的全部内容。在职业能力的内涵中，应十分注重合作能力、公关能力、解决矛盾的能力、心理承受能力和竞争能力等非技术的职业素质。同时，随着技术的迅猛发展，社会职业岗位的内涵与外延处于不断变动中。因而职业教育的教学计划不能仅着眼于当前上岗能力的需要，还应十分注重学生对职业岗位变动的良好适应性和就业弹性的需要。

三是职业教育功能由单纯的学历教育功能扩张为复合功能。职教体系总体上分为学历教育、非学历教育与培训两大部分。学历教育主要是以较长的连续时间，系统地培养基层一线的技术型人才，有中等职业教育和高等职业教育两个层次。在非学历教育与培训中，一部分是资格证书教育、工人技术等级培训，另一部分是岗位培训、在职进修培训和短期就业培训。我国加入 WTO 以后，实施“走出去”的战略，职业教育功能又由培养国内人才扩展为培养国际人才。

2. 职业教育的精神

精神是自然的真理性和终极目的，是理念的真正实现。职业教育的精神即职业教育的内容实质，最为突出的是笃实。

第一，知识实用。职业教育的课程是按职业岗位群的需求确定的，专业课可根据市场变化而调整设置，基础课按专业的需要以必需、够用为度，有些职业院校还为企业“量体裁衣”，“定制”特殊岗位的人才，以培养立足本地并服务于市场的职业人才，受到了人才市场的欢迎。

第二，注重实践。社会对人才的需求是多元化的，任何时候需要量最大的都是具有良好职业技能的操作型人才，职业教育培养的实用人才，既要有一门过硬的实用技术，同时还须熟悉英语、电脑等知识，以适应生产一线的需要。目前，人才市场就出现了企业争抢机电加工类的车、钳、焊、电、铣等技术高级工的局面。

第三，就业机会。大量新职业、新机遇的出现，促进了我国国民生产总值的增长和就业机会的增加，给食品加工业、纺织业、服装业、建筑业尤其是第三产业带来了良好的发展机遇。接受职业教育的学员若具备较高的职业素养，有一定的分析、解决问题和适应岗位的能力，专业对口，面向基层第一线，会管理，懂操作，达到“一专多能”，将拥有更多的就业机会和更好的创业机遇。

第四，目标实际。由于职业院校自入校起就对学生加强了职业道德教育，使之牢记“为人民服务”是职业道德教育的核心，“顾客是上帝”是行业服务的宗旨，树立正确的择业观，要求学生做到目光现实、脚步踏实、技术扎实、为人诚实，就业期望值要切合实际。

3. 职业教育的使命

职业教育的根本使命在于以新的实践成果开发人力资源，推广职业资格证书制度，优化职业教育结构，弘扬工匠精神，促进就业创业，服务产业发展，促进社会进步。

有效开发人力资源，为未来社会培养素质结构更为合理的准劳动力是职业教育使命之一。与普通教育以基础研究型人才为主的培养目标不同，职业教育旨在培养大量动手能力、实践操作能力比较强的高级实用技术型人才，使学生在毕业后基本上就能顶岗工作。

推广职业资格证书制度也是职业教育的使命。由于国内的、跨国的区域经济集团之间的劳动力流动日益增长，证书制度作为能力的认证起到了一种特殊的作用。当前，由于劳动力市场的限制及实行就业准入制度，使职业资格证逐步具有与普通职业教育学历文凭类似的“硬通货”性质，从而使职业教育得到强大驱动。

（三）职业教育理念的趋势

职业教育在整个社会发展中起着至关重要的作用，它使国家的资源利用者、开发者、管理者的技能不断更新；它使整个社会的技术含量、智能含量和精神价值的含量不断提高；它使一个国家整体的民族素质从中不断获益和增强。随着职业教育的发展，其理念也得以不断创新。

模式上，从学校模式走向混合模式。职业教育中的学校模式，是传统意义上的以学校教育为主的封闭办学模式，它是一种“供应”模式，以“供应”为目的，不问社会需求，只呈现出封闭的、不适应变化的时代特点，它是计划经济的遗留产物。这种模式培养的人才或者有基本知识无动手能力，或者有动手能力又缺乏适应市场的应变能力，等等，职业教育的“产品”被社会拒绝。这就要求用一种全新的混合模式取而代之。职业教育中的混合模式是现代意义上的学校、企事业单位、公民个人等多元化开放办学，并以企事业单位和公民个人办学为主的一种新的办学模式。它是一种“适应”模式，它追求职业需求以社会需求为动力，主张职业教育适应社会：社会有什么样的人才要求，学校就培养什么样的人才，使职业教育培养的学生有良好的教育基础和文化素质，有较高的思维、判断和理解能力，成为“可培训的人”，而不仅仅是“培训过的人”。混合办学模式已经成为职业教育发展的必然。

目标上，从就业教育走向创业教育。就业教育与创业教育既是两种不同的人才培养目的，也是两种不同的教育质量观，前者以填补现有的显见的就业岗位为价值取向，后者以创造性就业和创造新的就业岗位为目的。我们所处的是一个知识经济初露端倪的时代，仅在某一特定领域受过培训的人是不可能适应新工作的，而且我们不能担保有哪一个领域可以保持不变，最根本的问题在于21世纪的大部分就业机会还有待创造。因而要帮助受教育者培养创造意识和创业能力，这是一种全新的“自我就业”的能力，这种能力能实现与市场行为的结合，它使受教育者有更广阔的发展空间。从就业教育到创业教育，既是世界职业教育的总趋势，也是中国职业教育改革和发展的必然选择。

内容上，从能力本位走向素质本位。所谓能力本位教育失败的产物，主要用于职业教育的构建。它试图通过选择高文化知识——科学知识作为课程，培养出具有超凡能力的科学主体。大量的事实已说明这是不可能的。有的发展理论专家提出：发展最重要的不是经济，而是人的全面素质。因此，作为直接作用于经济社会生活的职业教育中的人的素质教育应引起重视。所谓素质本位，指的是以职业素质为基础、以职业能力为核心、以职业技能为重点的全面素质教育或素质培养。这种教育在注重受教育者能力培养的同时，也重视他们的精神、道德、文化和身心等素质修炼，要求职业院校的学生通过一定时期的培养，学会做人，即做一个会做事、会学习、会生活的人，从而达到在社会中随心所欲而不逾矩的境界。因而，从能力本位走向素质本位，将成为职业教育现代化的重要内容。

过程上，从终结学习走向终身学习。终结学习是一种"静态"的教育观念，它把社会当作一个不变的系统，人作为其中的一员，拥有某一种技能，从事某一职业将是一生不变的，它奉行的是"学一阵子，用一辈子"的一次性学习观。当今社会飞速发展，新的技术、新的行业不断被创造，人的一生将面临多次职业变更，岗位竞争日益激烈，只有终身不断地学习，才不至于被工作岗位所抛弃。因此，职业教育不应培养青年人和成年人从事一种特殊的、终身不变的职业，而应培养他们有能力在各种专业中尽可能地流动，并永远刺激他们自我学习和培训自己的欲望。也就是说，现代社会需要现代的人，只有终身学习的人才能成为这种人。这种学习要求破除过去一次性学习的传统：在时间上，不局限在青少年时代，抑或职前的培训，而是贯穿于人的一生；在空间上，使劳动者学习与工作二者合一，工作过程就是学习过程，让学习和生存两个主题伴随人的一生。终身学习是当今社会的教育思潮，也是职业教育改革和发展的总体趋势。

综上所述，职业教育理念是一种主体教育理念、一种素质教育理念、一种文化教育理念，同时也是一种终身教育理念，其表现形态主要有职业教育的观念、精神和使命。随着社会的发展，职业教育的理念也不断创新，它将不再是单纯的学校模式，而是混合模式；不再是终结教育，而是贯穿人一生的终身教育；不再仅仅是为了谋生，而将是不同个性、兴趣、爱好者用以充实自我、愉悦人生的一种多姿多彩的职业生活教育。

二、职业教育的人才观、教学观和质量观

（一）职业教育的人才观

人才观是学校教育思想的基础，是学校教育重要的理论和实践问题，决定着教育的教学观和质量观。一个国家或民族的人才观正确与否，不但直接影响着学校教育的质量，也影响着民族的强弱、国家的兴衰。

1. 职业教育人才观内涵

人才是指德才兼备，并有某种特长的人。他们的创造性劳动，为人们认识自然改造自然、认识社会改造社会以及人类进步作出了较大贡献。人才的特点：第一，杰出性，这是人才最本质的特征，指的是人的杰出表现，或在再现型劳动中作出超量贡献，或在创造型劳动中作出成绩。第二，相对性，指人才总是在相对于一定的历史时代和劳动领域而言的。第三，

广泛性，指人才是多类型、多层次的，不限于少数天才。第四，社会性，指人才具有社会属性，在阶级社会中具有阶级性，每个阶段都有自己阶段的人才。第五，动态性，指人才不是天生的，而是通过实践不断提高、成长，从非人才向人才转化而成的，人才素质是不断发展变化的，不是静止不动的。

关于人才现象和问题的基本观念体系，诸如对人才的本质、标准、成长过程和开发使用等每一方面的基本看法，它受一定的政治经济制度、生产力水平的制约，并受伦理观念、文化传统和科学技术发展的影响，具有历史性和时代性，在阶级社会中常带有阶级性，对教育的目的、目标、制度、内容和方法等均会产生影响。

因此，职业教育人才观是指人们根据社会发展的需要，提出的关于职业教育人才培养的内涵、标准、质量等一系列问题的基本观点。

2. 现代职业教育人才观

由以上论述可知，人们对职业教育人才观存有很大的误解，阻碍了职业教育的发展，所以我们要构建全新的职业教育人才观，即现代职业教育人才观。

现代职业教育人才观的主要观点是：职业教育的人才培养不仅要使人学到知识，掌握技能，继承传统道德，最重要的是要培养人的创新精神和实践、创造能力，注重知识、能力、素质的协调发展。这就给职业教育的人才培养提出了新的要求。

一是兼容性。“兼容性”这个概念是美国微软公司联合创始人比尔•盖茨(Bill Gates)提出的，他指出以他为首的微软公司的成功，正是在于其所出产的电脑软件具有兼容性。软件兼容性的强弱，往往在于它在不同硬件和不同操作环境所能显现的功能。若将这个概念应用于职业教育的人才培养方面，则人才的兼容性是职业教育亟须关注的一种素质，即职业教育培养出的人才要在不同的工作环境均能发挥其功能，不断学习适应新的工作要求，有效地解决由不同情境引发的问题。这就需要培养人才的“通用技能”——基本的读写、运算和生活技能，复杂的推理技能及与工作有关的合作、思考、工作动机等技能。因为掌握通用技能是人才兼容性的基础。

二是倾向性。倾向性是指职业教育人才的培养受到职业教育内在规律和专业人才成长规律以及学生学习时间的限制，只能按社会需求培养学生具备某种类型倾向而不能完全定型。也就是说职业教育培养的只是人才的“毛坯”，只有经过现实社会的“锤打锻压”后，才能最终成为合格的“产品”。这是因为：其一，职业院校在培养高级应用型人才时，既要满足社会对人才需求的多样性和变动性，又要保证学校教育的相对稳定性以及所培养的人才具有一定的通用性；其二，职业教育人才的成长具有社会性，实践出真知，实践出人才，他们只有在毕业前从事必要的社会实践，才能形成对应岗位所具备的一些素质和能力；其三，实际工作中，某个具体的人才究竟属于何种类型，并非固定不变，往往会因工作的需要从一个行业到另一个行业，从一个岗位到另一个岗位。因此，试图在职业院校将人才定型，将不利于他们适应职业的变更。

三是伸缩性。伸缩性即弹性，是人才适应市场、职业、岗位、工种变化的一种可伸缩性的综合能力和可持续学习的基础。职业教育培养的人才就是要具有这种弹性素质，这样才能适应社会需求的变化。这种弹性素质的主要特征表现为：其一，普通性。即牢固掌握自然科学和人文科学的基础知识，以及一类职业岗位共同的专业理论知识，为现实的专门技术训练和适应未来快速变化的经济形势以及掌握高新技术奠定坚实的文化知识基础。其二，变通性。学生要“以一技之长为主、兼顾多种能力”，既掌握一类职业岗位共同的专业理论，又能在此基础上，在相近职业岗位范围内发生能力迁移，实现上岗不需要过渡期，转岗亦不需要过多的再培训。其三，融通性。即学生既具备职业领域的方法和能力，又具有社会活动能力，且能将这两种能力运用自如。其四，潜通性。即学生应具备今后多次创业和广泛就业的潜在素质，包括创新精神、良好的个性品质、善于学习以及广泛的兴趣和爱好。从现实情况来看，一个人的职业角色的变换，得益于每个人的潜在资质和相当的潜通基础。

（二）职业教育的教学观

职业教育的教学观直接影响着它的质量观，进而影响整个职业教育的发展，因此我们有必要对职业教育的教学观进行分析，以树立正确的教学观，为职业教育的发展服务。

1. 职业教育教学观内涵

教学就是指教的人指导学的人进行学习的活动。进一步说，指的是教和学相结合或相统一的活动。教的人不限于教师，但主要指的是教师。学的人不限于学生，但主要指学生。教学观是指教师对教学的本质和过程的基本看法。教师的教学观一经形成，就会在他们的头脑中形成一个框架，影响到他们对教学过程中的具体事物和现象的看法，影响到他们在教学中的决策和实际表现，进而影响到学生的学习。因此，职业教育教学观是指职业院校教师对职业教育中的教学的本质和过程的基本看法。

2. 现代职业教育教学观的构建

随着社会的发展，它已不适应现代教育的需要，更多地体现出其弊端，必须探索新的职业教育教学观。现代职业教育教学观应该具有这样一些特征：其一，教学着眼于学生的发展，包括知识和能力的发展，更包括态度、价值观、情操、审美观念和生活品位的健康发展与个性的健康发展；其二，教和学合一，成为教师和学生通过相互交往而共同营造、共同参与的活动，换言之，教学是一个包括认识和交往实践两个方面的活动过程，是一个认识和交往实践统一的过程；其三，教师与学生的关系是一种新型的、双向的关系；其四，要重视学生个人经历和体验在教学中的重要作用。

因此，现代职业教育教学观的主要观点为：其一，教学内容突出技术性。职业教育的根本任务在于培养高等技术应用型专门人才，只有教学内容突出技术性，才能体现其职业性。一方面，教学内容的组织要以解决问题为中心，打破学科界限，使内容的组织服从于所要解决的职业领域的问题；另一方面，增加实践性教学内容，使学生有充足的机会将专业知识与职业实践结合起来，获得隐性经验，增加学生的职业适应性使学生获得相应的技能。其二，教学过程突出实践性。职业教育的培养目标决定其学生应具备和掌握从事专业领域实际工作的基本能力和基本技能。因此，职业教育教学要让学生形成与其所学专业相关的个人经验，其过程就要体现出强烈的实践性。职业教育应采取学校与企业合作的形式，让企业参与教学计划的制订，承担义务为学生提供实训和实践的机会。学校在精选教育和培训内容的基础上，可适当延长实训时间。其三，教学环境情境性。职业教育的教学环境包括实训基地、模拟职业活动情境和问题情境等。在专业课学习中，为了增长学生的职业经验，应该设置教学环境来组织教学内容和活动，使专业课学习立足于解决职业实践中的问题，这就要求其教学环境逼真、可信，突出情境性。学校应以实训基地为基础，通过设置问题情境和模拟职业活动情境，使学生在真实或仿真的环境中，通过自身的体验，从中获得隐性职业经验，掌握专业技能。

（三）职业教育的质量观

职业教育的质量观是职业教育发展的根本保障，只有职业教育的质量得到保证，才会有职业教育的健康发展。因此，确立什么样的职业教育质量观，是职业教育工作者当前亟待探讨和解决的重大问题。

职业教育的质量是一个多层面的概念，应包括职业教育的所有功能和活动：各种教学计划与学术计划、研究与学术成就、教学人员、学生、校舍、设施、设备、社区服务和学术环境等；应建立独立的国家评估机构和确定国际公认的可比较的质量标准。但对学校、国家和地区的具体情况应予以应有的重视，以考虑多样性和避免用一个统一的尺度来衡量。

综上所述，职业教育质量观是对职业教育质量的基本看法，即应包括教学工作、学校管理、学生、教师以及职业院校的各种软硬件设施等多元因素，但其核心是人才培养的质量。职业教育兴办时间虽然不长，但却正由传统的质量观向现代质量观渐进。

传统职业教育质量观是随着职业教育不断发展壮大而不断发展，根据人们对职业教育功能和价值的不同看法，主要形成以下三种看法。

一是知识质量观。传统的教育质量观是一种知识质量观，以学生掌握知识的多寡、深浅、宽窄来评价教育质量的高低。不能为了达到迅速上岗的目的，而挤掉文化知识的教学课时，要保证学生在校期间掌握一定深度和广度的文化基础知识，要注意各科教学内容的系统性和完整性。这种观点还认为目前人才市场化，学生毕业后又不可能终身从事一个职业，所以必须加强文化知识的学习，为其今后能适应终身教育打下基础。

二是能力质量观。这种观点认为职业教育的质量应体现在毕业生的职业能力上，毕业生在实际工作中能迅速上岗，做出好成绩，就是质量高。应该强调职业教育的特点，根据就业市场要求学生能迅速上岗的目标，及时调整教学计划，确定教学内容，安排各种相应的技能，较大地提高学生的各种能力，并指导学生运用于实践之中。

三是素质质量观。职业教育根据全面推进素质教育这一战略，采取了切实可行的措施，不仅要求学生学会学习、学会做事，而且更强调学会做人，将非智力因素的发展纳入培养高级专门人才的教育过程中，注重培养学生的思想道德素质、人文科学素质、业务素质和身心健康素质，努力把学生培养成为具有良好综合素质和较强实践能力及创新精神的人才。在这样的历史背景下，人们就形成了以素质为标准来评判教育质量的质量观。

根据职业教育的实际情况，现代职业教育质量观是三位一体的质量观，即以知识、能力、素质三者融为一体作为评价标准的教育质量观。它侧重强调以下两个方面：第一，这种质量观认为掌握知识、培养能力、提高素质三者是绝对不能分开的。知识是基础，是发展能力的基础，也是提高人的整体素质的基础；能力是知识和素质的外在表现；素质是知识和能力转化而形成的内在品质。三者相互联系、相互依存、相互作用，不可分割。第二，它强调以知识、能力、素质三者融为一体为职业教育质量观的评价标准，以符合职业教育发展规律。因为职业教育是为社会培养高级应用型、技能型人才，这就决定了职业教育的特征，即既具有高等性，又具有职业性。因此，它的教育质量必须以全面的标准来衡量，而以知识、能力、素质三者融为一体这个标准完全与其相符。

第二章　职业教育人才培养目标与机制

第一节　职业教育人才培养目标

一、职业教育人才培养目标的确定

（一）社会需求是职业教育培养目标的现实依据

当今社会进入知识经济时代，其发展的速度取决于科技进步，取决于劳动者素质的提高。这就对科学技术转化为生产力过程中人才的素质和作用提出了很高的要求。首先，高新技术的广泛应用产生了许多与高新技术相关的职业岗位，这些技术岗位的产生对职业技术人才提出了大量需求。其次，以金融、商品流通、交通、通信、房地产为主的第三产业近年来得到飞速的发展，第三产业已经成为新的经济增长点，占国内生产总值的比重从36%提高到47.8%，公用服务、信息咨询等行业的增长速度在20%左右。第三产业的蓬勃发展使社会职业岗位的分布出现了新的趋势，产生了一系列新的职业岗位，如广告编辑、广告推销代理、广告设计、广告估价人员、商标代理人、旅行社经理、审计与监理人员、证券咨询员、投资分析员、投资经纪人、证券推销代理人、外汇交易员、信贷员等。这些新岗位大部分是在服务第一线，需要掌握熟练的服务技巧，这就需要职业技术教育培养一大批相应的技术型人才。再次，在经济和社会大变革中，社会原有的职业岗位出现了既有分化又有复合的现象，比如护士岗位，随着医疗技术的发展，工作也逐渐专业化，细分成了精神科护士、外科护士等。而根据技术水平，护士的岗位已经分成了五个层次：职业护理师、主管护理师、护师、护士和护理工。专业技术知识与操作技能已经成为不可分割的整体，形成了独立的职业岗位。无论是高新技术的发展所产生的岗位还是第三产业兴起所增加的岗位，它们的技术含量和技能水平都比较高，职业技术教育培养的人才已经不相适应，亟须发展职业技术教育。

（二）独特智力倾向是制定职业教育培养目标的智力依据

美国教育心理学家霍华德·加德纳(Howard Gardner)在20世纪80年代提出了多元智力的理论。他认为：人的智力至少由七种基本智力组成，即言语/语言智力、逻辑/数理智力、视觉/空间智力、音乐/节奏智力、身体/运动智力、人际交往智力和自我反省智力。言语/语言智力指的是人对语言的掌握和灵活运用的能力；逻辑/数理智力指的是对逻辑结构关系的理解、推理、思维表达的能力；视觉/空间智力指的是人对色彩、形状、空间位置等要素的准确感受和表达的能力；音乐/节奏智力指的是个人感受、辨别、记忆、表达音乐的能力；身体/运动智力指的是人的身体的协调、平衡能力和动作的力量、速度、灵活性等；人际交往智力指的是对他人的表情、说话、手势动作的敏感程度以及对此作出有效反应的能力；自我反省智力指的是个体认识、洞察和反省自身的能力，加德纳认为：智力并非以语言、数理等能力为核心，它们也不应成为衡量智力水平高低的唯一标准。每个学生的智力都是九种能力的组合体，能力间不同的组合构成了个体间智力的差异，有的语言智力占主导，有的身体/运动智力占优势，并倾向于用不同的方式来学习。目前的学校教育并没有公正看待这些差异的自然性和平等性，只关注以纸笔测验能测得的那部分能力，即语言能力和逻辑/数理能力，并以此判断学生智力的优劣：成功者往往是语言能力、逻辑能力占优势的学生，其他学生则落入失败者之列。

（三）职业带理论是制定职业教育培养目标的层次依据

职业教育的核心内涵在人才结构区域中应该具有唯一对应性，即其培养目标必然隶属于某一种系列的人才范畴，并且用这一系列中某一特定层次来界定职业院校培养目标。提起社会人才的分类结构，我们总会想到金字塔形、门字形、阶梯形等多种结构模式。这一理论以工业职业领域为例，将各类工业技术人才的知识和技能结构用一个连续的职业带来表述。对技术工人的要求主要是操作技能，对工程师的要求主要是理论知识，对技术员则在两个方面均有一定的要求。国际上一般将分别培养这些不同系列人才的学制相应地分为三种类型：培养工程师的称工程教育，培养技术工人的称职业教育，培养技术员的则称技术教育。后两类统称技术和职业教育，同属广义的职业教育范畴。职业带理论除了可以解释技术工人(C)、技术员(T)、工程师(E)三个系列人才的地位和特点外，还可以解释社会人才结构随着科技进步与生产技术发展的演变及其与教育的关系。

在手工业生产阶段，整个职业带上的人才类型是单一的；而在大工业出现初期，职业带上出现了技术工人和工程师两类人才，且二者在职业带上有部分交叉。20世纪上半期，工程师为适应科技发展需要而必须提高理论知识，于是便在职业带上大幅度与技术工人（仅有稍许右移）的交叉消失并拉开距离，由此出现的空隙需要由一种新型人才来填补，技术员这种中间人才应运而生。到20世纪下半期，由于高新科技的突飞猛进和生产技术体系的不断发展，工程师区域继续右移，技术员区域进一步扩大而出现了层次上的分化，从而诞生了高级技术员（或称工艺师、技术师、技术工程师等，对此各国称谓有所不同，但本质上是一致的）这种新型的高层次职业技术人才因它原属于T系列人才范畴，但又与E系列有部分交叉，故有人将其称为TE系列人才。

（四）综合能力是制定职业教育人才培养目标的素质依据

为了满足21世纪对宽专多能的复合型人才的要求，世纪之交，各国在坚持职业针对性特点的基础上，注意在职教课程中加强旨在提高劳动者通用性职业能力的教学内容。这种能力可以分为两大类：一类是指一般素质的关键能力；另一类是指某一行业范围内体现通用性的职业能力，即行业能力。所谓行业能力，一般是指行业劳动能力，亦即劳动能力。对什么是劳动能力，马克思有个著名定义："我们把劳动力或劳动能力，理解为人的身体即活的人体中存在的，每当生产某种使用价值时就运用的体力和智力的总和。"这就是说，人的体力和智力是构成劳动能力的基本要素。因此行业劳动能力的发展，就是体力和智力的发展。

1. 关键能力

"关键能力"的概念最早出现在20世纪70年代初。发展到今天，已被世界上几乎所有的国家所接受，但在不同的国家，其称谓和含义也存有差异。它在德国被称为"软能力"或"关键能力"，在美国被称为"基本技能"，在英国被称为"核心技能"，在澳大利亚被称为"关键能力"，在新西兰被称为"必要技能"，我国多采用"关键能力"这一称谓。

2. 企业界所需的职业能力

企业雇用员工的首要考虑是：①工作态度、敬业精神佳；②能团队合作；③学习能力强，可塑性高；④工作稳定性高，能配合公司规划发展；⑤专业能力强；⑥具有解决问题的能力。

由此可知，企业取才的关键已经由"能力"转为"态度"。许多企业主管有"学历愈高愈不敬业"的刻板印象，现在学生的专业技术、知识都够，但普遍缺乏敬业和团队合作的素养。业绩不好但能团队合作的，是可造之材，但如果业绩好而不能团队合作，就是组织之癌。所以企业界最需要的是懂得跟人合作的人，因为这些人比较会替别人想、有耐性、会调适。

此外，无论是制定教育目的还是制定各级各类教育的培养目标，人们都自觉不自觉地遵循一定思想或理论的指导。我国是一个社会主义国家，马克思主义是我国社会主义革命和建设的指导思想，马克思主义关于人的全面发展学说是我国制定职业教育人才培养目标的理论依据。

二、关于职业教育的人才培养目标的理性思考

教育作为培养人的社会活动是一种在理性引导下的有目的的追求，事关人才培养的核心问题。通过教育培养什么样的人，怎样为社会培养人，是古今中外一切教育活动开展的前提。教育目的是人才培养的一个基本问题，在教育工作中占有主要位置。确定教育目的又是一个十分复杂的问题。在教育目的方面，世界上存在众多分歧。目前，为满足国际经济竞争的需要和高技术人才的迫切需求，技术和职业教育在全球范围受到广泛重视，但正如德国存在主义哲学家卡尔·西奥多·雅斯贝尔斯(Karl Theodor Jaspers)所言，我们在着手改革职业教育时，也必须追溯到教育的目标上去，特别是“人的回归”问题，即个体发展的终极目标问题，因为这才是“教育改革的真正条件”。

（一）综合素质：职业教育的理智选择

我们正处在知识经济时代，其经济发展、产业结构的变化必然对人才的素质提出新要求，培养综合素质人才是知识经济时代职业教育发展的理智抉择。知识经济时代是一个“人化”的时代，个人的需要更加多样化。一些在工业经济时代还可望而不可即的需要，将随着社会的科学技术进步而能够不折不扣地得以实现。从物质产品（汽车、彩电、电脑等）到精神产品（电视节目、教育服务等），都要求日益个性化。为了满足不同消费者的特殊消费需求，社会生产模式就必须从单一产品的规模生产转变为个性化产品的规模生产，整个生产系统由一个刚性的产品制造系统变成了一个柔性的经济体系。在这样的社会中，只掌握生产过程某一环节的专门技术，是难以承担日益个性化的小批量生产所要求的创意化产品的生产使命的。另外，知识经济也使产业的升级换代周期大为缩短。昨日的朝阳产业，今日就可能成为夕阳产业。产业结构的迅速调整，使劳动者的劳动岗位变换加速。为了适应迅速变化的劳动力市场的需要，劳动者必须具有广博的知识和多样化的劳动技能。

人的发展是社会现代化的主旋律，人的现代化在社会发展中具有战略价值。因为现代化的根本动力来自人的努力和伟大的创造，现代化的根本目的正是人类全面自由而持续的发展。的确，不关注人的本质的扩展的教育，或者忽视人性存在的教育，其所培养出的只是“并没有受到真正教育”的服务于某些目的的专业工人。人生来便是可能而且应该受教育的，人只有经过教育，才能成为人。教育是人的灵魂的教育，而非理智知识和认识的堆积，教育需要有信仰，没有信仰就不成其为教育，而只是教育的技术而已。

职业教育的定义，是为用教育方法，使人人依其个性，获得生活的供给和乐趣，同时尽其对群体与社会之义务。其目的：一为谋个性之发展；二为个人谋生之准备；三为个人服务社会之准备；四为国家及世界增进生产力之准备。从其对职业教育概念的界定及职教目的之表达来看，职业教育的目的首先是人的个性发展，其次才是能力发展。

强调教育在促进人的发展上的价值，要求教育为人的发展服务是当今世界教育改革和

发展的重要趋势。教育不仅仅是为了给经济提供人才，更不是把人作为经济工具，而是作为发展的目的加以对待。现代文明对教育提出的第一个要求就是：提高人性，开发人的综合素质。培养人的综合素质，即面对现代经济生活对高素质技术人才的需求，职业教育必须倡导发展学生素质，但这种素质绝不是某种职业技能或就业能力的拓展与架构，而是应该体现以下三个基本特征。

第一，体现在目标追求上。它强调的是综合能力的培养，亦即知识、技能和态度三位一体素质结构的培养。这一素质结构主要由四个要素构成：一是完成职业任务所必需的基本技能或动手能力，如知识运用能力、技术应用能力；二是完成职业任务应具备的基本职业素质，即德国企业界倡导的关键能力，如合作能力、公关能力、解决矛盾的能力、心理承受能力等；三是职业岗位变动的应变能力和就业弹性；四是在技术应用领域中的创新精神和开拓能力，如工艺流程的革新、加工方法的创造、管理方式的变革等。

第二，体现在人才规格上。它强调的是职业素质培养，张扬的却是人的全面发展，即人的体力、智力、道德精神和审美情趣得到充分自由的发展和运用。人才规格在教育实践中，可以分解为品德素质、知识素质、能力素质、审美素质和生理心理素质五个方面。在这五种素质中，能力素质虽是核心但并不能替代或包容其他四种素质，更不能把能力素质理解为“能力”的全部。

第三，体现在培养方法上。它强调通识教育与专业教育结合。教育不仅使学生获得知识，而且也使他们学以致用。职业教育也必须改变传统的专才培养模式，改变通识教育与专业教育“两张皮”现象。通过加强通识教育，强化基础、拓宽专业，使通识教育与专业教育有机结合，才能把学生培养成为厚基础、宽口径、一专多能，并能适应社会变化的复合型人才。

综上所述，对人才的综合素质的审视与把握，不仅是职业教育在文化的转型与变革中的一种觉醒，而且是顺应市场经济需求的一种自然回归。正是在目标追求和价值取向上的觉醒与回归，才是职业教育赖以生存发展的魅力所在。

（二）人性提升：职业教育的终极追求

未来的世界主题体现以人为本的理念，国家利益高于一切的观念被造福社会的理性思维所替代，这是不以人们意志为转移的人类文明趋势。在这种理念驱动下，21世纪职业教育人才培养的终极目的在于人性的提升。20世纪末期，在我国教育理论研究和教育改革实验中，教育的人性化、教育的人文意义及价值等已成为人们关注的重点。

教育作为一种有目的地培养人的活动，原本就是一种“人”的教育。在现代化的进程中，随着科技进步、经济繁荣，教育始终以其执着和顽强的生命力扮演着极为重要的角色，并朝着现代化的目标不断推进。诚然，科技的发展和理性的高扬极大地推动了社会的进步和经济的发展，为人的本质的全面发展创造了前所未有的条件。职业教育是以培养高素质技术型、实用型的人才为目的的，但究其根本仍然是培养人、发展人。马克思关于人的全面发展的学说是教育理论，特别是教育目的设定的重要理论基础。因此，只有以“现实的个人”“有生命的个人”为前提和出发点来关注人，才能具有现实意义，具有理论魅力。

1. 主体人格的觉醒

教育是培养、造就人才的事业，它赋予人以生存、发展和享受的能力。从这个意义上说，教育本质上又是一种人道主义事业。当前教育理论界教育主体性的呼声日渐高涨，而教育主体性的含义无非是两层意义：一是尊重学生个性的主体性，让学生的主动性自由地发展；二是尊重教育的自主权，尊重教育的相对独立性，打破过去那种模式化教育，用多样化教育造就富于个性的一代新人。因此，我们所强调的这种教育的主体性是与新的人道主义教育和国际范围内的民主化思潮完全一致的，也是马克思关于人的全面发展理论的具体实践和运用。

2. 创造意识的激活

随着文化的发展和社会的进步，人们渴望一种能够展现自己生命本质的生活方式，渴望能成为自己真正的主人。教育的意义就在于一方面唤醒人的自由意识，使之意识到自己并不是现成的存在者，而是一种必须通过自身创造性的活动，不断向未来开辟可能性并塑造自我的存在物；另一方面也是更重要的，教育要引导人们去创造，因为人的自由本质只是提供了发展的可能，没有后天的创造，人的自由本质就无法得到体现和验证。教育的最根本意义就在于把人的自由本质引申出去从事创造，去打破已有的存在，迈向更高的未成，使人在永无止境的创造过程中，不断提升，不断创造出新的规定，不断丰富自己“人”的内涵。从某种意义上说创新是自我实现的最高表现形式，因此，创造不只是普通高等教育所培养的社会精英分子的专利，也是职业教育培养高素质、高技能劳动大军的基本义务和追求。

3. 生命意义的领悟

人类的一切活动都是为了生命的生存与发展，教育活动作为人类的一种社会活动，同样要关注生命、理解生命和尊重生命。对于人的精神价值的守护和对生活意义的追寻，应该是教育的意义和价值所在。诚然，理性的发展开掘了人的智慧，创造了无限丰富的人类物质财富，却满足不了人生幸福的全部需要。科学和理性的世界无法调制出人生的全部色彩，在后现代主义思潮的观照下，教育只有让学生回到感性的、生动的、丰富的生活世界，才能够满足人在理智、情感、意志等多方面发展的基本需要，才能促进学生对社会、自然、人类自身的认识和了解。在人与自然社会和睦相处的文化背景中，领略生命的意义，感悟人生的幸福，从而构筑起心灵世界的精神家园和意义网络。这种教育的追求不但应是职业教育的目标也是时代赋予我们的责无旁贷的义务和责任。

（三）全面发展：职业教育的价值取向

人力资源的开发，不只是为眼前的经济发展服务，而且是为人类社会的可持续发展服务，为人与生态环境及自然的和谐共生服务。人，应该是我们一切社会活动的终极关怀所在，人力资源开发的真正目的应该是人的全面发展。所谓“全面发展”，就是个人关系和个人能力的普遍性和全面性。人的全面发展的含义有两个层次三个方面的规定：第一个层次（第一个规定）是唤醒自然历史进程赋予人的各种潜能，使之获得充分的发展；第二个层次是人的对象性关系的全面生成（第二个规定）和个人社会关系的高度丰富（第三个规定）。也就是说，全面发展是个人能力和社会关系的全面发展。不难看出，在教育实践中，我们更多地关注了个人能力的培养和发展，而人的社会关系的发展却一直是教育者们视而不见、不敢触及的一个空间，从而使得社会关系成为束缚人的主动性、主体性的一种外在盲目的力量。事实上，人的社会关系的丰富和发展，会让人摆脱狭隘性，以更开放的胸襟充分显示自己的聪明才智，扩展自己的社会交往，在与社会和他人的关系中，证实自己，实现自己。也只有让每个个体在社会中通过主体间的平等交往和对社会关系的高度驾驭，才能获得满足自己物质和精神需求的条件，获得个性全面的发展。毫无疑问，职业教育的培养目标主体是“技术型应用人才”，但这一目标结构中凸显的应该是“人的全面发展”这一主题。为职业做准备是以实用专业教育为特色的职业教育的社会使命和历史责任。然而，过度的专业化对受教育者个人和社会发展产生巨大危害。因而，强调“人的全面发展”是现代文明对教育的呼唤与要求，也是职业教育的必然选择。这种发展是人的身心诸方面及其整体性结构与特征随着年龄的推移而不断变化的过程，发展不仅局限于某一特定的阶段，也贯穿于人的一生。学校教育作为“人的发展”的“特定阶段”，必须从人文关怀的高度，创造学生不懈追求人生的发展空间，从而铸造以人的全面发展为核心的“育人工程”。为此，我们应该在三个方面达成共识。

1. 确立以人为本的教育理念

这一理念的基本要素应体现在两个方面：一是在教育实践中贯穿合作教育的基本思想，创设和谐、平等、自由的教育情境。合作教育理论是苏联的教育家们在20世纪80年代的教育改革中提出的，它表现在师生人际关系上对权力和服从的摒弃，在教育目标上对学生个性健康发展的张扬。学生作为现实社会的个体存在，是有见解、有情感、有渴望，也有能动精神的人。因此，我们要一改“师道尊严”的传统观念，超越“传道、授业、解惑”的教育职能的局限，充分尊重学生的个性差异和人格特征，尊重学生学习过程中所有疑虑和异想天开的探寻。让学生在主动参与中成长，在独立探索中起飞，在自然发展中成熟。在具体的教育活动中，要研究学生心理，尊重学生人格，挖掘学生潜能，鼓励学生的多样化发展，只有这样，才能让学生获得全面、自由而充分的发展空间，从而在变化万千的社会生活中获得广阔的生存空间。二是从单纯的“职业能力”培养转变为“综合素质”培养，把综合素质教育作为职业教育的目标追求，用综合素质教育观取代传统的职业教育观，把发展“人”作为教育的出发点，把学生职业技能的训练和学生的个性发展与人格完善有机统一，全面提高学生的综合素质。

2. 建立能力核心的培养模式

职业教育的目标定位决定了学校教育必须重视培养能力，但能力培养的目的应该表现在善于塑造健全完善的人，正是基于这一基本认识，我们不仅要摒弃一直徘徊在我们心灵深处的两个“幽灵”，即“经世致用”的教育功利观和“教师中心”的教育主体观，而且应在重新审视的基础上，全面把握能力的内涵，并赋予它丰富的文化底蕴和人文意味。第一，这种能力培养必须建立在人性提升的基础上，即个性的全面和谐发展。第二，能力培养的归宿是素质的合成，这种素质合成既是学生对自身素质提高的认同与渴求，也是学生诸种素质在教育活动中的自然融合。所以，能力培养不仅纳入了整个素质教育的目标视野，也是素质教育在教育过程中的具体体现。第三，能力培养的着眼点不仅仅是某种职业技能的训练与提高，更重要的是社会关系与社会能力的培养与发展，让学生真正成为有见解、有情感、有追求、有生命律动的建设人才。第四，能力培养的核心是创业能力，这种能力对个人发展和社会发展都至关重要。对能力定位的确认固然重要，但更重要的是这种模式怎样建立。职业教育几十年的探索与发展，启示我们这种模式的建立不仅仅是教育理念问题，还与能力结构的确立、教材体系的创新、评价标准的建立等一系列问题息息相关，这就需要我们在教育实践中不断探索、发展和完善。

3. 创设全面发展的人文环境

由于深刻的社会变革带来的社会价值体系多元化态势，社会生活中价值观念全面影响着人们的思想和行为。学生的全面发展离不开学校的教育环境、管理环境和人文环境，而人文环境在学生人格健全、个性发展中有不容忽视的地位。学校人文环境又与学校目标导向、价值取向、教师素质、办学氛围以及课程体系和校园环境息息相关，我们必须从学生全面成才、全面发展的高度去关注和重视职业院校的人文环境，倡导人与人、人与社会的和谐，把人与人相互包容、尊重、合作、团结、互助的群体精神，自尊、自立、自重、自强的独立精神，公平、公正、守约、诚信的道德精神，注入校园的每一个角落，让学生在洋溢着科学精神和人文精神的气息中，在能力提升和人性开掘的和谐统一中达到全面发展的目的。

一般认为，培养目标就是指学生经过一定的教育与培训的过程，最终达到的状态或标准。那么就职业教育来讲，广义的职业教育的培养目标就是培养在专业技术、经营管理、经营业务、智能操作等领域为社会主义现代化建设服务的职业型实用高级专门人才。狭义的专指职业院校教育，应培养既具有大专以上理论水平，又熟练掌握某一复杂职业（或某岗位群）综合素质的德、智、体、美全面发展的职业型（包括应用型、技能型、工艺型）新型人才。有中国特色的职业教育培养目标较好地体现了职业教育特色、职业教育的高等特色以及职业教育的中国特色，是职业教育特色、职业教育的高等特色和职业教育的中国特色的统一。

第二节　职业教育产教融合的人才培养机制

一、职业教育产教融合制度的内容

为适应当前经济发展，提高企业核心竞争力，亟须培养一流的高技能人才。高技能人才队伍建设是当今社会赋予职业教育的重要使命。职业教育培养的学生在具备一定理论知识的基础上，更加强调岗位操作技能，使其既能适应当前职位需求，又能可持续发展。因此在实际教学中，构建符合职业教育特色的产教融合教学模式，即以学校与产业部门为主体，以平等互利、优势互补为原则，以培养高素质技能型人才为目的的教学模式。在产教融合教学模式下，学校充分利用产业部门的教育资源和教育环境，把以课堂获取的理论知识付诸实践，将教学活动与生产活动深度融合。具体表现在生产过程与教学过程相接、生产环境与教学环境相融、生产资源与教学资源相合、生产工时与课程学分相通等四个方面。

（一）生产过程与教学过程相接

生产过程是指围绕完成产品生产的一系列有组织的生产活动的运行过程。生产过程的特性包括：第一，不间断性。指在空间和时间上都是连续的过程。第二，平行性。指在生产过程中对加工对象实行平行交叉作业。第三，比例性。即生产能力与生产任务相配。第四，协调性。即要使生产过程的各阶段、各环节在教学过程中都协调配合，紧密衔接。第五，适应性。教学过程是教育者以社会发展需求及受教育者身心发展规律为依据、以教学资源为载体、以师生双边良性互动为基本形态，指导受教育者系统掌握科学文化知识和操作技能，实现学生认知、技能、情感协调发展从而达到预期教学目标的活动进程。其主要分为感知、悟知、行知三大阶段。其特征体现在双边性与周期性、认知性与个性化、实践性与社会性。

生产过程与教学过程相接是产教融合教学模式实施的有效手段。两者相接主要体现在：其一，生产流程与教学计划相接。每学期初学校教务科、技能开发科根据生产经营科的企业生产流程与生产周期制订并实施教学计划，随着生产过程中不同阶段开展相应的理论和实践教学。其二，生产任务与教学内容相接。即按照企业生产任务设计相应的教学内容，通过学习和运用理论知识及技能完成生产任务，从而了解企业的生产管理过程，体会生产中的劳动组织关系。具体来说，以企业真实生产任务设计各层次实践教学内容，将企业产品件（零件、模块、单元）作为学生技能训练课题，学生全程参与企业生产过程，独立完成作业信息、计划、决策、实施、检查、评价六个模块，培养学生动手能力、工艺能力和可持续发展能力，增强学生的责任意识、团队意识和安全意识。

在借鉴传统工学交替教学模式的基础上，依托现有生产实训资源，深化校企合作、工学结合的“产教融合”的人才培养模式，通过加大生产过程和教学过程交替的频次及教学内容覆盖面，提高两者契合度。在职业教育的教学模式中，它的整个教学过程不再是教师讲、学生听，也不是单纯的教师演练、学生示范，而是让学生走进工厂，在真实的生产过程中汲取知识和养分，这种“让学生在生产实践中学到所要学习的内容，相应在学习过程中又完成了生产任务”的教学方法取得了双赢，在一定程度上提高了学生学习的积极性和效率。再具体到每一个单元的工作过程亦是如此，例如在某个零部件生产过程中，首先由技术部设计零件加工工艺，其次车间主任根据产品精度、难度安排产品，最后实习指导教师根据产品加工要求安排学生加工。与此相应的教学过程是实习指导教师根据教学进度、学生特点、产品精度、产品难易度、设备性能等情况，安排学生进行加工。具体来说，首先，分析产品精度、生产周期、产品难易度等，从而选择设备与学生；其次，教师进行入门指导或授课，要明确任务要求，分析学生任务和加工工序并审核工序后签名确认；再次，学生领取并使用生产工具进行首件加工，由班、教师、车间质检对首件产品进行检测，并签名确认，学生根据首检合格产品为样件，加工完成产品；最后，由教师进行总结。

（二）生产环境与教学环境相融

生产环境指产品生产的现场，是影响零件或产品制造和质量的重要条件。教学环境是指影响教学活动的各种外部条件。广义的教学环境指影响整个教学活动的诸因素的集合，包含科学技术、社会制度、家庭条件等。教学环境具有场域性、互动性和结构性。

生产环境与教学环境相融是产教融合教学模式实施的有效途径。两者的融合主要有三种形式：第一，学校工厂型。即学校基于计划组织，依据学生的所学专业和发展方向、企业的需求和实训条件，开展和企业的合作。第二，工厂学校型。即由工厂开办技校，并享有技校的产权。在这种形式下，工厂能根据自身需求，有针对性地培养人才。第三，工厂学校联合型。即技工院校与企业联合办学，双方共同协商培养目标、专业设置、教学计划、人才规格等。生产环境与教学环境相融的过程中，充分利用学校和企业两个教学场所，在硬环境和软环境上都力求做到相互交融。硬环境的融合主要体现在学生进行生产性的实训时，可以共享学校和工厂的场地及设备。而软环境的融合则表现为学生进入工厂，着力将企业文化、企业精神作为指引实训的总体方向，将企业规范及用人标准作为实训的基本要求，让学生的实训过程零距离对接企业生产，从而有效培养学生的职业通用能力，形成职业感知，增强岗位自信。

（三）生产资源与教学资源相合

生产资源是指确保生产过程顺利进行所需要的各种人力、设备、材料等。教学资源是指教学过程中被教学者利用的一切条件。生产资源与教学资源相合是产教融合教学模式实施的有效措施，如何将企业生产设备的“工件”变成学生实习、学习的“学具”是重要环节。目前职业院校主要是通过以下两种方式实现生产资源与教学资源的结合：其一是仿真性结合。由于职业院校受到资金的限制，对于更新换代频率快的仪器设备，学校没有条件也没必要长期引进。学生可以通过仿真企业生产的设备软件，全面了解生产流程和设备调试的过程，从而加强对真实生产过程的感知与体验。尽管这种形式产出的作品并非实际产品，但这种方法不仅能够解除学校资金不足的困境，同时也能保障学生的实训质量。其二是实践性结合。这种结合方式主要适用于有校办工厂的学校，学生在校办工厂真实的生产过程中进行实训，体验实训过程的“全真性”，技能训练的“职业性”，运行管理的“企业性”。在校内生产性实训中，生产任务即为实训内容，生产过程即为实训过程，生产产品即为实训结果。实训结束后，学生实训中产出的合格产品直接作为工厂的产品对外销售，学生便成为企业的员工。如果学校没有校办工厂，可以加强建设顶岗实习基地，让学生在企业实习岗位上体验真实的工作环境、工作过程和工作情境，为将来的就业奠定坚实的基础。

（四）生产工时与课程学分相通

生产工时是工业上计算工人劳动量的时间单位。课程学分是用于计算学生学习量的计量单位，是学校基于专业教学计划对课程进行考核评价的标准。现代技工教育培养的是应用型、实用型人才，强调学生的就业能力和岗位适应性。产教融合教学模式下赋予学生双重身份，既是学校学生又是企业员工，因而，职业教育教学应探索和完善适合技能培养和产教融合的学分与工时互换模式，生产工时与课程学分的相通是产教融合教学模式得以实施的重要保障。两者的相通主要有三种形式：一是双证制度。理论课和实训课都占据一定比例的学分，实训课的学分由工时兑换，学生修完课程并达到标准后即可获得学分，累积学分达到教学计划标准后可向学校申请职业鉴定，并获取毕业证书。二是学分互认机制。即学生获取的技能证书和技能奖项可兑换成相应学分。三是工学交替。充分考虑职业教育工学结合的特点，允许学生学习时间的间断，对于学生就业或创业过程的学习经历也可以折合成学分，如同零存整取的“学分银行”，充分注意生产工时与课程学分的互换。

二、职业教育产教融合制度的形式

（一）基于资源依赖的合作式融合

合作式融合是通过职业院校选择现代化程度较高且与自己所设专业相关的行业企业，获取实训设备及顶岗实习机会，学生接受企业师傅指导；同时职业院校通过为企业培养输送高技能人才、培训企业员工等行为，实现两者资源互换的一种双向沟通、相互依赖的融合方式。合作教育是一种将理论学习与真实的工作经历结合起来，从而使课堂教学更加有效的教育模式。世界合作教育协会在它的宣传资料中解释：合作教育将课堂上的学习与工作中的学习结合起来，常能在获取报酬的工作实际中将工作中遇到的挑战和增长的见识带回课堂，帮助他们在学习中进一步分析与思考。我们认为，合作教育是一种将课堂上的学习与职业上的学习相结合的教育模式，学生参加工作是整个教育过程的重要组成部分，是有领导、有组织、有计划、有步骤的教育行为。学生将理论知识应用于与之相关的、为真实的雇主效力且通过校企合作中的校与企是具有不同社会功能和特点的组织，两者合作能否实现彼此预期的目标，基于资源依赖。资源依赖是指组织在一个开放的社会系统内，不可能拥有赖以生存和发展的所有资源，而不得不依赖外部环境，从外部环境中引进、吸收、转换各种资源，进而形成组织间的资源相互依赖的关系网络。职业院校与企业的合作就是资源依赖的一种具体表现。基于职业院校与企业的资源依赖，合作式融合的原则是两考之间的行为是平等的，彼此在享受权利的同时必须履行相应的义务，这是合作的前提，也是长期依赖关系得以建立的基础。合作式融合的内容主要是行业企业为职业院校提供的设备仪器、顶岗机会及指导与职业院校为企业提供的技能人才、员工培训及技术合作。

在实践中，合作式融合作为职业教育参与企业生产最为普遍的一种形式，基于职业院校高技能人才培养需要，既加强理论素养的养成，更注重实际操作能力的训练，涌现出很多典型案例。概括起来有两类：一类是职业院校根据自身的优势专业结合行业企业开展合作；另一类是职业院校的人才培养结合区域经济发展需要展开的合作。

（二）基于资源共生的嵌入式融合

嵌入式融合是指为完善实践教学条件，提高人才培养质量，学校通过与企业共建生产性实训基地，或将企业生产等相关资源引入职业院校，借助真实的岗位环境，为高技能人才培养创设生产情境的一种融合方式。嵌入式融合的载体是校内实训基地，目标是培养高技能人才，核心是深度产教融合，理论基础是资源共生。共生是个体或组织为了获得生存，按照一定的模式彼此依赖、互相依存，形成共同生存、协同发展的关系。共生的形式主要包括单元、模式和环境三类基本要素发生稳定和谐的结构关系。嵌入式融合是职业院校主动选择的一种共生行为，它以校内实训基地的生产线为共生单元，以协同培养高技能人才为共生模式，以校企互利共赢为共生环境，形成学校与企业之间相互促进、互利互惠、共同发展的共生关系。基于此，嵌入式融合的原则应以产业布局为导向，坚持将岗位环境引入学校，岗位需求引入教学，岗位标准引入学习，实现产教深度融合，校企深度合作。嵌入式融合的内容是学校把企业文化、岗位标准、职业要求引入教学中来，只有这样才能在实践中培养学生的操作技能，在管理中养成学生的品质理念，探索"做中学，学中做"的实践教学，实现产业、行业等要素与教学的融合，逐步建立稳定的长效机制。

在实践中，由于历史、现实及观念等诸因素的影响，在很长时间里职业教育普教化的问题严重影响了高技能人才培养的路径选择。随着人们对职业教育人才规律认识的不断加深，逐步认识到职业教育高技能需要将企业相关资源嵌入职业院校高技能人才培养中来。嵌入式融合的方式是多样的，以高技能人才培养为纽带的校企合作提供了多种融合的可能，在实践中有全面合作、订单培养、共同研发、股份合作、共建实训基地等方式。在具体实践中主要有项目式嵌入融合和整体式嵌入融合两种方式，项目式嵌入融合是指职业院校根据人才培养的客观需要将相关企业的某个生产项目引入学校实践教学的一种合作方式；整体式嵌入融合是指职业院校根据人才培养和专业发展的需要将个别微小企业入驻到学校的一种合作方式。

（三）基于资源整合的关联式融合

关联式融合是通过对各类职业教育资源的重组与整合，实现多元主体的协同与合作，特别是行业企业的有效参与，使职业院校的教学链、经济的产业链和社会的利益链互相对接，构成系统的人才培养、输出、聘用、培训体系的融合方式。关联式融合是参与各主体在平衡权、责、利的前提下，发挥自身优势，获得发展的一种自我选择。利益相关者是指影响目标实现的个人或组织，职业教育利益相关者是指与职业教育存在具有合法性的直接或间接利益关系的个人或组织，主要包括政府、企业、职业院校、学生、教师等。不同的利益相关者由于自身性质的不同决定了其利益诉求的差异，借助利益相关者理论的综合平衡、高效集约、互利共赢等原则，厘清职业教育利益相关者之间权利与责任，为培养高技能人才提供良好的对接环境。关联式融合的原则是采取一定的组织方式集中财政经费投入，整合职业教育办学资源，实现集中优势力量对接与集合，使学校与政府、学校与学校、学校与企业、教育与培训、就业与创业等对接，扬长补短，优势互补，形成合力，推进职业教育高技能人才培养的实现。关联式融合的内容是利用一定的组织形式将职业教育的利益相关者联系起来，消除长期以来职业院校学生的工作与学习空间相对封闭，无法得到融通，关联式融合可以消除学校与企业之间的障碍，解决企业与职业院校信息不对称及人才培养目标与企业需求脱节等问题。

在实践中，关联式融合的典型例子是职业教育集团的组建。为了克服职业教育人才培养过程中产业与职业、企业与学校、工作与学校、岗位与教学等的脱节，职业教育集团通过一定的组织使多个利益主体参与，实现人才培养过程中各个部分的对接。职业教育集团化办学在实践中变革传统人才培养模式，通过职业教育集团主体共同参与和制订人才培养的方案，实现职业教育高技能人才培养在专业设置、课程开发、技能鉴定等方面能够广泛征求行业企业意见，发挥行业企业的能动性，培养社会急需人才，实现政校企共同参与、协同发展的有效运行机制。

（四）基于资源集约的共享式融合

共享式融合是为培养社会经济发展所需的高技能人才，政府借助教育公共基础建设的契机，整体规划，合理布局，综合开发，完善基础设施建设，为职业院校发展创造有利的条件，通过投入共享资源在空间上或组织上的有序有效集聚，使多个主体共同使用的一种融合方式。共享式融合是职业教育集约发展、集中建设、共同利用的一种方式。聚集经济是交易活动在市场力量作用下，资源或生产要素的空间集聚及配置，实现成本节约的一种经济形态。职业教育资源聚集有助于内部成员之间资源共享，提高资源利用效率，发挥组织功能。共享式融合的原则是提高资源的利用效率，发挥资源集聚的协同优势，通过资源共享实现职业引领与教育教学的融合，校企合作促成现代企业与现代教育融合，工学结合推动工作规律与学习规律融通。共享式融合的内容是，为跨越学校与企业之间的沟壑，消除空间障碍，提高职教资源的使用效率。随着产教融合发展成为普遍共识，“抓经济必须抓职教，抓职教就是抓经济”的观念深入人心。为提高人才培养质量，服务区域经济的能力，各地方政府为推进职业教育进行公共投资，建设公共资源，成为产业和学校的“磁石”，在资源共享过程中提高经济效益，促进产教融合。

社会组织在不断分工的过程中促进了社会各项事务的精细化发展，同时也导致很多公共资源的分散，社会利用率降低。为了提高资源利用率，就需要我们运用理论联系实践、经济结合效率来尝试解决此类问题。在实践中，职业教育园区作为对共享式融合的一种有益探索，是以职业院校为主体，以实现资源共享、优势互补和产学研一体化为主要目标，以专业建设、人才培养、科技研发或某种资产为主要联结纽带与共同行为规范，基于地域，立足行业，依托校企合作平台，推动区域产业结构升级，实现区域可持续发展的一种集教育、科研、开发、生产、服务等功能于一体的综合性职业教育实践模式。职业教育园区与其他组织形式相比最大的特点是通过空间的集聚来实现收益的最大化，以利于实现规模效应，促进相关信息的外溢，实现主体的多样性和互补性。

（五）基于资源开发的一体式融合

一体式融合是职业院校在具备一定实力或政策资金支持下，学校为培养高技能人才和长远发展而创建公司或工厂的一种行为，是集教学、培训、生产、科研等多位一体，兼顾学生实训与教师培训的一种特殊的融合方式，其典型特征是企业或工厂隶属学校。一体式融合是产教融合的高级阶段，校办企业或工厂有很强的市场性，这就需要遵循市场中企业经营的一般准则，其核心是产权，而产权交易理论是其学理基础。产权交易是指在市场经济条件下，为推动社会经济转型的规范化发展，经济主体间发生的生产要素及附着在生产要素上的产权有偿转让的经济行为。生产要素的流动是产权的转移与让渡，运用市场机制，保证校办企业产权交易的有序进行。校办企业的产权是指学校对资源所能行使的权利，以财产所有权为基础及派生的占有权、经营权、处置权、收益权等权利组成的权利集合。一体式融合的原则是，校办企业在进行正常产品生产的同时，还需要进行实践教学，两者需要兼顾，不可偏废。在发展过程中科学管理，妥善经营，力争取得良好收益，实现学校资源不断累积。一体式融合的内容是从教学角度出发，工厂依据学校人才培养计划的要求，负责学生的实习、实训和专业教师技术培训与工程实践等与教学有关的活动；从生产角度出发，进行产品生产，获得收益是其存在和发展的关键，校办企业的规模、设备条件、经营水平必须适应市场环境，获得市场生存能力，这就要求明确校办工厂的功能定位，使其功能结构更加科学合理、高效实用。

在实践过程中，职业教育工作者及研究者逐步认识到“校企合作，工学结合”是培养职业技能人才的根本路径和制胜法宝，但是校企合作的成效却往往不尽如人意，在很大程度上是由企业和学校的性质、产权、利益等关键要素决定的，其中企业的营利性和学校的公益性（即非营利性）是一对难以调和的矛盾，为了探索有效的校企合作方式，学校办企业或工厂是一种大胆尝试，在一定程度上消解了学校和企业之间存在的鸿沟，这也是许多学校积极创办企业或工厂的重要原因。校办工厂作为职业院校内部良好的实训基地，能够形成新的互动机制，推进产教融合，最终形成以“职业关键能力培养为核心、企业关键岗位技能深化为目标、综合知识水平提高和文化融合为宗旨”的培训方案，形成深度融合的校企一体的高技能人才培养机制。如：天津现代职业技术学院长期推行“产教融合”，即产品、产业、产销和产能与训育、训技、训体和训形结合，系主任兼车间主任，充分利用有利条件开办工厂，可以有效地提高职业院校学生的素质，促进人才培养水平的提高。

（六）基于资源衍生的内生式融合

内生式融合是行业企业结合自身产业类型，配套性地开办职业学校，有针对性地设置专业，相对独立地培养人才的一种融合方式。行业企业举办职业教育不是本质规定的社会功能，而是在拥有较丰富的教育资源和需求驱动下的一种资源衍生功能，是基于企业人力资本投资理论的一种实践。所谓人力资本是指凝结在个体中的能够迅速增值的知识和技能的总和。企业人力资本投资是以企业为投资主体的一种人力资本投资行为，它的投资主体是特定的企业，投资客体主要是企业内的员工，投资目的是提高企业现有的人力资本存量从而增强企业实力。内生式融合的原则是通过行业企业开办职业学校或开展员工培训，推动企业生产、技术进步，以保证产品质量和提升科技含量，进而提升企业资产运营的能力和产品的竞争力。内生式融合的内容是行业企业了解自身现状和发展趋势，通过教学计划的制订、实施和协调。其中企业参与教育管理部门，并对教学过程中的产教融合明确规定和严格要求，以确保培养、培训的质量和效果。

基于资源衍生的内生式融合在实践中主要有企业和行业办职业教育两类。一类是企业办职业教育。企业凭借自身力量，独立办学，该类型适用于处于成长和变革趋势的大型企业，因其经济实力雄厚、员工数量众多、专业素质要求高和员工培训任务重的特点，客观上需要这种企业建立独立的职业教育机构和教学体系，因为只有这样才能满足企业各类技术人员的职业教育与岗位技能培训的实际需求。由于企业的情况不同，不能要求企业都以相同的方式办职业教育，应加强和发挥行业组织的职业教育协会的调控和服务作用，某一行业或同一行业的企业采取共同出资、平等互利方式，联合组建和发展。通过整合行业培训与教育的师资、财力等资源，组建行业性的企业教育培训实体，发挥行业培养及培训的教育功能，解决企业员工专业知识更新和促进职业技能素质提高等问题。

三、职业教育产教融合制度的机制

（一）产教融合办学模式的运行机制

运行机制，是指影响人类社会规律性运动的各种因素的结构、功能及其相互关系，以及这些因素产生影响、发挥功能的作用过程和运行方式。运行机制引导和制约着决策的制订，是与人力、财力、物力相关的各项活动的基本准则和相应制度。要保证系统内各项工作目标和任务顺利实现，就必须建立一套协调、灵活、高效的运行机制。

受自身办学条件和社会认可度的影响，学校要确保实现预期的产教融合办学模式成果和实效，就必须高度重视运行机制的建立。应当高度重视产教融合办学模式过程的规范和管理，避免产教融合办学模式虎头蛇尾、零散重复，甚至形式大于内容、有名无实或无果而终的现象。

（二）产教融合办学模式的动力机制

建立有效的动力机制，是推动和促进产教融合办学模式过程中各方积极参与技能型人才培养的重要保证。动力机制的功能在于激发系统内部各利益主体的利益动机，并将这种动机转化为合作培养人才的强大推动力。产教融合办学模式育人的动力机制的实质，就是通过一定的经济利益机制，充分调动和发挥系统内部各参与要素的积极性、主动性和创造性。

职业院校通过产教融合办学模式，可以有效地利用企业的各种教育资源，很大程度上缓解办学资金不足、实践教学资源短缺的问题。产教融合办学模式培养技能型人才，能打破学校以往的封闭办学模式，密切学校与经济社会之间的联系，有利于学校紧密结合区域产业结构的优化调整，特别是行业、企业的实际需求开展教育教学改革，切实提高所培养人才的社会适应性和岗位适用度；通过吸引行业、企业参与本行业急需人才培养的全过程，加快教学内容和教学方法的改革，以提高职业院校的办学水平和人才培养质量。

对于行业、企业来说，通过参与人才培养的全过程，能大大缩短人才从引进到适应岗位的过渡期，有助于行业、企业量身打造符合自身需要、认同企业文化的人才。同时，这也能提高企业用人的主动性，有利于企业降低自身的人力资源成本。企业利用合作院校在场地、人才、智力等方面的资源开展技术革新、产品研发和员工培训，有助于解决自身在技术、经营、管理等方面的难题，有效地提高企业的市场竞争力。此外，积极参与产教融合办学模式，有利于企业在社会上树立良好的品牌形象，为自身发展营造良好的社会舆论环境。

（三）产教融合办学模式的分配机制

企业作为经济法人实体，其最终目标是追求利润的最大化。而职业院校作为教育机构，其主要目标是培养人才和发挥社会效益。产教融合办学模式的过程，应将企业追求经济利益极大化和学校追求社会效益最大化两者紧密地结合在一起，使校企形成紧密型的利益共同体，最终实现互利共赢、各取所需、利益共享的过程。

通过产教融合办学模式，企业可以优先录取职业院校的优秀毕业生，同时可以利用学校的科研力量和资源，为企业提供业务咨询、技术服务、员工培训及科研成果转让等服务。企业还可以借助双方文化互相渗透，通过学校提炼核心文化，丰富文化内涵，提升企业知名度和美誉度。

（四）产教融合办学模式的激励机制

构建产教融合办学模式的激励机制，是指通过利益驱动、优势互补、政策推进等因素，激励校企产生协同的意愿，以提高协作的积极性，进而实现协同发展的有关政策、制度和运作方式。建立、健全产教融合办学模式的激励机制，可以有效地保证校企合作各主体的地位和职能的实现，是实现产教融合办学模式利益互惠的根本保障。激励机制具体包括以下几个方面。

1. 实施财政激励机制

政府运用财税政策手段对行业、企业进行激励和引导，是促进校企协同发展的行之有效的方法。借鉴发达国家的经验，我国的财力发展状况已经具备了给予企业税收优惠政策的可能性。在政府层面，可以给予参与产教融合办学模式的企业更多的税收减免政策，包括允许企业加计扣除培训职业院校师生产生的费用、允许企业对顶岗实习学生使用的固定资产加速折旧、允许企业因借给职业院校款项产生的利息收入减税、允许企业设立的符合条件的实习基地收入免税等。通过政府的税收激励政策，可以有效地解决企业的利益驱动问题，这大大提高了企业参与职业教育的积极性。

2. 实施权利激励机制

产教融合办学模式既要强调企业的义务，又要保障企业的权利，这是建立产教融合办学模式长效机制的有效保障。只有不断加强、完善和改进相关法律、法规，从法律上切实保障企业在校企合作过程中的地位和权利，切实维护企业的权益，以便保证企业参与产教融合办学模式的积极性。政府要通过立法的形式，明确规定企业在产教融合办学模式过程中享有的权利。参与产教融合办学模式的企业享有的权利应包括以下几个方面：享有优先获得毕业生的挑选权；利用学校资源实现职工继续教育的权利；享受税收优惠、科技优先制度的权利；在产品开发、银行贷款等方面享受优惠政策的权利；要求职业教育院校确保企业正常生产秩序的权利；要求实习学生尽量为企业节约成本并创造利润的权利；在学校的培养目标、课程设置、专业建设、教学方法、实训实习以及师资队伍建设等方面具有充分的话语权等。

3. 实施荣誉激励机制

荣誉激励，就是通过授予荣誉称号的形式，承认企业在产教融合办学模式过程中作出的贡献，从而提高企业的社会责任感。对企业实施荣誉激励，可以从以下几个方面着手：一是对积极参与产教融合办学模式并取得良好效果的企业授予荣誉，认定其为技能型人才培养示范基地，对企业负责人给予物质奖励；二是通过开展产教融合办学模式为社会作出贡献的企业授予社会贡献奖，并在企业人才培养创新、技术创新立项上给予政策倾斜；三是在企业信用等级评定、企业综合实力评估和人力资源开发战略实施上给予倾斜或奖励。

四、职业教育产教融合制度评价

（一）评价理念

贯彻新发展理念，充分发挥产教融合评价模式对提高学生知行一体的能力和对全面提高学校教育教学质量的重要作用。充分发挥产教融合评价模式对改进学生管理工作、日常教育教学实践的功能，优化学生管理的工作制度，转变教育教学观念，改善教育教学方式，不断提高教育教学工作的效率和效果。逐步完善产教融合评价模式结果的应用，使之与学生评优、奖励、扶助、实习（就业）推荐、参军、毕业资格审核等结合起来，充分发挥产教融合评价模式的激励作用和导向作用。

（二）评价原则

发展性原则：评价制度不是面向过去，而是面向未来，以发展为目的，其最终目标是充分调动学生的积极性。

导向性原则：树立正确的学习观、实践观、人生观、世界观。

多元性原则：评价的内容和方法要表现出动态、发展、多元化。

人本性原则：体现以人为本的评价理念，重视个体的差异性，突出评价过程中的学生主体地位。

过程性原则：要在动态过程中，把形成性评价与终结性评价结合起来，使发展变化的过程成为评价的组成部分。

全面性原则：内容和标准必须有利于学生的全面发展，这既要体现群体的互助协作，又要尊重学生的个体差异，以促进学生的个性发展。

（三）评价主体

1. 学校产教融合评定工作领导小组

学校产教融合评定工作领导小组由学校行政领导、教学处干事及学生处干事等人员组成。其主要职责是：①确定全校学生的产教融合考评方案。②指导、督促开展相关工作。③组织全校学生的产教融合评定结果的统计分析，形成反馈意见，指导改进教育教学。④对评定中出现的分歧予以仲裁。

2. 师生评定工作小组

每个班级成立评定小组，由班主任、任课教师、学生代表组成，人数为5～7人。具体人员由班主任确定，并报学生处备案。其主要职责是：①制订并适时调整班级考评的评价方案和标准。②组织本班开展包括评价、记录、打分、汇总等工作。③反馈评价过程中出现的问题，上报考评结果。

工作小组中的教师必须是任课教师，对学生应有充分了解，同时具备较强的责任心和较高的诚信素质。小组中的学生不参与教师评分，但应参加实证材料审核、评价细则讨论等决策过程。小组名单要在考评工作正式开展前向被评班级所有学生公布。

3. 家长评定

每个学生的产教融合评价都需要家长的参与。其主要职责是：①协助学校开展产教融合评价工作。②参与学生评价工作，反馈学生各方面的表现。

4. 行业企业评定

行业企业评定的主要职责是：①对实习生的实习情况评定，包括记录、打分、汇总等工作。②反馈实习过程中出现的问题，上报考评结果。

第三章 职业院校人才培养模式的改革

第一节 职业院校人才培养理念与内容的转变

一、转变职业院校人才培养理念

教育观念直接影响人才培养的规格和质量，职业教育是技能型创新人才培养的重要阵地，其教育观念直接影响技能型创新人才的质量。因此，职业教育必须从观念上进行更新和转变。

（一）创新教育观：从共性层面到分层分类

在各级各类学校培养创新人才的实践中，人们通常是从共性的层面提倡创新精神与创新能力的培养，缺乏针对不同类型创新人才的培养方案，导致对创新教育认识不清、定位不明，对创新教育的概念含混。职业教育创新人才的培养模式也同样存在培养目标模糊不清、针对性不强的问题。事实上，创新有三个层次：一是初级创新，指对个人来说是前所未有的，一般学生都具备这种初级创新；二是中级创新，指经过模仿、改革或发明，在原有知识经验的基础上重新组织材料，加工生产有一定社会价值产品的能力；三是高级创新，指经过长期努力所产生的人类历史上的创新。可见，创新有简单与复杂、应用与基础之分，不同层次的创新活动特点各异，对创新主体的要求也各不相同。因此，创新人才的培养也应分类进行，创新教育的开展要分类推进，职业教育需要根据不同层次创新人才的特点建构有针对性的人才培养方案。

（二）教育价值观：从制器到育人

目前，我国教育界普遍把职业教育定位为培养技术应用型人才和高技能型人才，强调学生的技术能力，突出了职业教育人才培养目标的技术应用型特征，这有利于将职业教育与普通高等教育区分开来。从另一角度看，职业教育强调教育的社会价值，突出为社会培养各种实用型人才，满足社会对劳动力发展的需要，有利于促进技术和产业的进步，推进国家政治经济和社会发展。职业院校不仅要向学生传授专业知识、训练职业能力，也要把学生人文素质和职业素养的提高、创新精神和创新能力的培养作为重要任务，因为职业院校培养的学生不是工具人、职业人，而是社会人、全人。遵循教育外部规律，职业教育要紧跟社会发展的需求；根据教育内部规律，职业教育要适应人的全面发展的需要，二者必须和谐统一，不可偏废。

（三）教育质量观：从就业导向到生涯发展

目前，一些学校以就业为导向，过于追求就业率，似乎只要学生在毕业时能找到工作，职业教育就取得了成功。这样的教育质量观显然存在着不足。技能型创新人才应该具有职业技能素质、职场应变素质、专业创新素质三种层次的素质。就业导向的教育质量观关注的是学生职业技能素质，而生涯发展导向的教育质量观不仅关注学生职业技能素质，还关注职场应变素质以及专业创新素质。因此，教育质量观只有从就业导向转向生涯发展，技能型创新人才的涌现才能得以实现。

重视学生关键能力培养，塑造学生终身学习和持续成长的能力。职业教育为学生的终身教育打下坚实基础的关键环节就在于培养学生的关键能力，通过核心素养的养成，使学生具备较高的职业能力以及终身学习的素养。现代职业教育观强调职业院校必须着力培养高素质技能型专门人才，促进人的可持续发展，通过知识、技能的习得，一方面满足个体的多样化需求，另一方面满足了产业和行业转型发展的需要。并且学生在职业教育中所获得的关键能力是他们终身受用的，是其未来发展不可或缺的能力。

（四）教学观：从知识技术的模仿与被动接受到继承批判与创新

继承是创新的基础，但一味地继承就无从创新，而且形而上学的继承观还会阻碍创新。当前，许多职业教育过于强调学生对知识的记忆、技术的模仿和重复训练，束缚和压抑了学生的创新精神。职业教育的改革必须首先改变传统观念，树立和培养创新精神以及创新能力的教育观念。在教学氛围上，技能型创新人才的培养要少一些统一化、标准化的教学要求，营造和谐、民主、自由的教学氛围，强调人的独特性和创造性，以促进学生自由发展，培养学生的创新精神和创新能力。在教学评价上，要增加学习过程的考核和评价，关注学生的创新精神与创新能力的培养，对于那些在课堂上提出独到见解或者在实践活动中创造出新方法的学生要充分鼓励，尊重其创新性成果，在课程成绩上给予奖励。此外，教师的教学评价要重视形成性评价，把学生平时表现、学习态度、独立思考问题的能力、创新素质等要素纳入教学评价的过程之中，使考试由原来的只考核学习效果拓展到对整个学习过程和学习效果的综合考评。在教学方法上，理论课教师应综合使用如启发式教学法、讨论法、案例教学法等多种教学方法，培养学生的自主学习能力、创新思维能力、动手能力、分析问题和解决问题的能力。实践教学的教师要注重学生在实训过程的主体地位，充分发挥教师的主导作用，让学生在实践中接触和感受最新的科研成果，激发和增强其创新激情，培养其动手操作能力。

（五）教育主体观：从教师为主到学生为本

在实际教学工作中，职业教师仍然留有许多理论化教学的传统，而学生也仍然沿袭着死记硬背、被动接受的学习习惯，教育主体和中心仍然是教师。学生是有丰富个性的、完整独立的、有发展潜能的个体，每个学生都有自己的学习类型与学习方法，有不同的特长。因此，教师要转变对学生的认识，尊重学生的个性，承认学生是具有可塑性的人才，保障学生在教育活动中的主体地位，最大限度地发挥学生的主观能动性，调动他们学习的积极性。要让学生更好地发挥自身优势，实现个人潜力的开发，首先要做的是教育主体观从教师为主向以学生为本转变，因材施教，扬长避短。

职业创新人才的培养要以学生为主体，就是要鼓励学生在学的过程中主动探究、建构、体验和领悟；以教师为主导，就是要强调教师在教的过程中成为教学的设计者、问题的提出者、情境的营造者和经验的总结者。这样才能使职业院校的教师从“死教书、教死书、教书死”的困境中摆脱出来，使学生从“死读书、读死书、读书死”的疑惑中解脱出来，真正实现教学相长。

（六）人才成长观：从拔苗助长到自然生长

许多学校在学生创新精神和创新能力的培养过程中容易存在急功近利的价值取向，关注的是各级各类创新竞赛或者比赛、获得国家专利的科学发明项目等外在的可以看见的创新成果，忽视了学生内在创新精神、创新能力及合作、探究、自主的创新意识的培养。扎扎实实的人才培养被一项项的“工程”“计划”代替，人才培养似乎变成是一项可以通过一定活动量身定做的“工程”。职业创新人才的培养也极易出现创新人才培养的通病，过于关注学生在各类比赛中的获奖数量以及申请专利的情况，大办创新实验基地，组织各类发明小组、科技班、创新团队。这样的创新机制和行为恐怕也会在一些方面有违创新人才成长的规律。创新人才的培养是一项系统工程，需要潜移默化、润物无声的教育和训练过程，急功近利、追求立竿见影只能适得其反。因此，学校要重视创新人才的过程培养，立足于过程，帮助学生养成艰苦奋斗、脚踏实地的习惯，培养学生奋发向上、积极进取的精神，鼓励学生拥有创新、敢为人先的勇气，摒弃功利化取向。只有回归人才成长的自然规律，才是技能型创新人才的培养之道。

二、创新职业院校人才培养内容

改革职业院校人才培养内容，涉及课程体系的建设、课程内容的选择等方面。合理的课程体系，对人才的培养具有重要意义。职业教育课程承载着职业教育的思想和观念，反映了社会经济发展对职业教育的要求，体现了职业教育的价值和取向，直接影响着教学质量。职业院校要培养具有创新精神和创新能力的高素质技能型人才，关键在于构建职业院校科学、合理和优化的课程体系，选择富有个性的课程内容。

(一)课程开发主体强调多方参与，构建协同创新课程体系

让企业专家、教师参与到职业课程的开发中。来自企业或行业的专家由于处于生产、管理的第一线，对工作任务最为熟悉，对生产技术的应用最了解，能够把握职业岗位现在与未来从业者的能力要求。因此，职业院校不能闭门造车，职业课程的设置必须充分发挥行业、企业的作用，使行业或企业专家成为课程设置主体之一，可以有效防止职业院校开设课程与生产实际脱节的现象，使课程的开设和课程内容的选择真正以工作岗位为基础，让学生真正学以致用，所学知识与实际应用达到最佳匹配，在此基础上，学生的创新精神和创新能力才有可能得到培养。职业课程的设置同样离不开教师。课程设置还要注重发挥教师的作用。教师在教育教学中起主导作用，是课程的直接相关者，是和学生接触最紧密的人。

重视校企合作开发课程。职业教育就是为学生的职业做准备，以就业为导向，实践性强。各职业院校要主动服务企业，跟踪企业现有的技术动态、生产设备、生产工艺和发展趋势，调查了解企业的需求，更新课程内容。职业教材要走产学研结合之路，加强实习实训教材的建设。职业教材应当为职业岗位或岗位群服务。教材建设尽可能以职业标准为主要依据，教材内容以“够用、必需”为原则，强调教材的职业性。校企合作开发实践性教学内容，培养学生的实践动手能力。教育必须为社会主义现代化建设服务，必须与生产实践相结合，要始终贯彻落实好这一教育方针，这是职业教育改革与发展的方向。职业院校进行教材的建设可以组织聘请行业、企业一线的能工巧匠以及职业院校内的“双师”教师，根据实际的教学需求以及实践教学、职业资格证书等要求，结合行业与企业的用人需求，并充分考虑现有的实训条件，编写能反映职业特色的实习实训教材。实训教材要突出地方性、适应性和实用性，坚持理论与实践的结合，体现行业与企业生产岗位的最新发展趋势，并不断根据实际需要进行调整。通过职业院校与行业和企业的联合开发，不仅仅密切了学校与企业的关系，有助于培养学生的职业素养和技术能力，确保实施产学研一体化人才培养，而且

有助于职业院校“双师”教师队伍的建设，提高职业教师的业务能力和素质。技能的培养和训练重在实践，应把紧密联系实际，把实践性的教学贯穿于职业人才培养全过程，加大力度开发实习实训教材理应成为职业院校教材建设工作的重要一环。

（二）课程结构凸显职业能力中心，契合创新能力培养需要

课程，就是学生学什么、教师教什么的问题。职业院校的课程不是本科教育的压缩饼干，不能按照“基础课—专业基础课—专业课—实践课”的学科式模式加以组织。科学、合理和优化的课程体系应当体现知识、能力、素质协调发展的新思想，把素质教育和创新人才培养的理念渗透到课程设置的方方面面。不仅要注重对学生进行专业教育，而且要重视人文基础知识的传授及科学精神的教育，注重培养学生人文素养和科学素养。科学、合理和优化的课程体系应当包括以下三个方面：第一，理论课程；第二，实践课程；第三，基本素质教育课程。

注重个体差异，加大选修课比例。加大选修课的比例，有利于鼓励教师发挥特长，开设选修课，给学生充分发展个性提供更多的时间和空间，全面拓宽学生的知识面。综合国内外经验，必修课、限选课和任选课之间的比例在学分上以5 ∶ 3 ∶ 2为宜，在课程数量上为4 ∶ 4 ∶ 2，这样培养出来的人才有可能将知识轴线和技能轴线贯穿在每一类课程中。此外，还要注意理论课与实践课的有机融合。职业院校应当更加关注理论课程与实践课程的逻辑性和系统性，理论课和实践课相互补充、相互融合、有机整合，融为一个逻辑整体，构建“学”与“做”，“知”和“行”的一元化模式。因此，技能型创新人才的培养需要建立工作过程导向的课程体系，并进一步立足于工作中具体的任务与从事工作所需要的终身发展的素养完善课程，以促进课程实施中的工学结合与校企合作，将职业资格标准与课程标准结合起来，与行业企业深度合作，共同设计契合于人的终身学习和终身发展的课程。

职业院校课程结构的调整要以就业为导向，办学关注市场需求，并以之为动力，要把学生职业能力的培养作为课程结构改革的重点。因此，一方面，当前职业院校建立“宽基础、活模块”的课程设置与结构体系是非常重要的，课程改革坚持“宽基础”，要做到知识面宽、综合性强，相邻专业知识相互沟通、融合，强调课程衔接，以保证学生学习的知识系统化，并符合学生学习的规律；另一方面，课程体系要根据实际灵活调整，采用“活模块”方式，提高课程的岗位针对性、适应性和灵活性。课程的结构应该尽量“模块化”，也就是各个模块的知识要具有一定的可拼接性，根据不同的培养目标将内容剪裁、拼接成不同类型的知识体系。

（三）课程内容更加突出个性和特色，强调关键能力培养

现代职业教育所倡导的能力本位要求劳动者具备良好的职业适应力，能够符合产业发展的复合化需要，同时具备在各行各业岗位上的创新技能。而当前职业教育的办学也面临剧烈的变革，职业教育对人的培养更加凸显其综合性与跨界能力，职业院校的课程体系也

由原先的知识本位过渡到能力本位。职业教育和人的综合素质能力有着越来越紧密的联系。国外出现的职业培训思想，将职业教育和终身学习相联系。这种新理念凸显学习者在接受教育前后全过程要对自身进行科学准确的评估，并且制订职业生涯规划，对未来的职业学习进行必要的设计，从而锻炼学习者的终身学习能力。这一职业教育理念是对传统职业生涯规划与发展的转变，基于终身教育的精神，强调学习者在未来职业中逐步提升自身能力，从而适应变化中的市场。只有融入终身教育理念的职业教育，才能真正地可持续发展、促进学习能力。

职业院校课程内容的建设是一个长期的过程，它不仅随着职业教育的发展而发展，还要紧跟经济技术的发展步伐。为培养职业技能型创新人才，职业院校的课程内容必须进行认真挑选，课程内容上要更加体现出个性与特色。

加强校本教材的开发。校本化、自主化、特色化是校本教材的最大特色。鼓励职业教师根据学校特色、专业特点、学生的兴趣爱好等，编制校本教材，使教师能够及时把生产一线的知识、技术引入课堂中，使教学内容更加具有实用性、针对性、适应性。让课程内容关注个体，以个性化为终极追求，张扬教师和学生的个性，彰显学校特色。教材的质量如何，回答这个问题需要根据一定的评价标准。职业教材亟待建立评价标准，完善教材评价体系。职业教材应当以能力本位、知识够用为原则，教材建设应制定教材分析、评价体系和质量的反馈机制，教材开发应当有一个试用环节，调研和跟踪教材试用情况，收集师生的意见，不断加以修改和完善。将学期选用教材的考核融入学生的评教系统或学生成绩查询系统，从而形成制度、形成规定、形成自然而然的一个教学环节，成为教材选用合格与否的主要依据。在职业教材建设中，需要完善教材评价体系，注意统一性与灵活性相结合，终结性评价与形成性评价相结合，宏观评价与微观评价相结合，单本教材评价与全套教材评价相结合，知识评价与能力评价相结合，认知因素评价与非认知因素评价相结合，实验评价与专家评价相结合。

第二节 职业院校人才培养方式的改革

职业院校人才培养方式的改进，可以从教育教学理念、教育教学制度、教学方法、考试评价等方面着手进行改革。其中，理念是人才培养的灵魂，制度是人才培养的保障，方法是人才培养的关键，评价是人才培养的晴雨表。

一、把握教学改革三大要点，引航人才培养方向

技能教育、素质教育、创新教育是职业院校应当树立的三种教育教学理念，它们是职业院校人才培养的基石。一是技能教育。职业教育是“高等”与“职业教育”两个概念的复合，具有高等教育和职业教育的双重属性。职业教育应以技能教育为根本，强调技能性和职业性，要重视学生实践能力的培养，提高其职业技能和实际工作能力。二是素质教育。职业院校应按照能力素质高、具有创新精神和创新能力的技能型人才的总体要求，逐步构建知识传授、提高综合能力与注重素质教育为一体的人才培养模式。我们需要对职业教育体系进行全面的梳理与彻底的变革，对于职业教育的改革理念与发展方向、职业教育体系制度、职业教育人才培养等层面要进行重新反思与创新性变革，立足于职业教育和经济社会的发展，整合社会资源，与社会各界相互合作，并顺利融入终身教育体系构建之中，真正实现终身教育和职业教育的相互融通，在终身教育的框架下，将政府、行业、企业等力量吸纳进职业教育的发展中，职业教育改革和发展的全过程要贯穿终身教育的理念和精神，并进一步调整职业教育人才培养模式，以提高职业教育人才培养终身发展的素养。三是创新教育。我们传统的职业教育历来重视对知识与技能的传授，而忽视对学生创新精神和创新能力的培养，要重视让学生掌握已有的生产技术、工艺流程，鼓励学生对固有生产技术、工艺流程、管理的创新。职业教育教学应当更新理念，倡导创新教育，高度重视学生创新精神和创新能力的培养。创新能力是高端技能型人才的必然要求。教育教学中要特别注重创新意识的培养，激发学生的创新欲望，注重非智力因素发展。职业教育教学应当倡导终身教育理念，高度重视学生创新精神和创新能力的培养，关键能力是高端技能型人才的必然要求。

二、深化教育教学制度改革，真正体现以学生为中心

职业院校亟须建立新的教育教学制度，为个性化创新型人才的成长营造良好的制度环境。

（一）尝试学分制

学分制的改革有助于进一步改革教育和管理制度，建立职前培养和职后教育一体化的教育制度，有利于进一步通过灵活、富有弹性的制度安排，整合家庭、学校、社会等多种教育资源。学分制有助于打破学习者的时空限制，超越年龄和学时对接受教育的诸多限制，取而代之的是，学生可以通过学分的累加，实现终身学习和终身教育，通过插班学习，为社会人员继续接受教育提供了可能性，真正落实职业教育的公平性，最大程度上满足不同层次人员的要求。为其提供学习的指导和帮助，还有利于实现正规学校教育服务与社会继续教育相整合的过程。

学分制的改革与创新、学习成果的积累和认证成为终身教育不可缺少的保障，通过学

分制的改革，进一步完善“学分银行”的构建，为普通职业教育和终身教育搭建互通融合的立交桥。在“学分银行”下学习者的系列学习成果得以进行累积，并且能够进行不同教育形式下的学分互换，使其学习的经历和成果能够得到认证。在这套学分制改革框架下，终身学习者突破了学习时间限制，能够灵活地基于自身知识体系构建的需求，选择性地接受教育。终身教育的出发点正是为了解决传统的学校职业教育不能够为学习者的继续教育提供渠道等问题。随着社会发展，职业教育“学分银行”制度的架构需要进一步结合社会现实，并结合国家的顶层设计思路，满足不同学习者学习成果能够在职业教育和终身教育体系下实现互通、互认的需求，逐步提高学习者的受教育机会，并通过制度标准的确立，为学习成果实现转换和认证提供服务。

实行学分制，应设置大量的选修课。每个学生都是不同的个体，有不同兴趣和爱好，学分制相比学年制更具有灵活性，更能发挥学生的主动性，其个性特长也更能得以展现。

（二）建立双导师制

双导师制原来针对的是研究生的培养，职业院校也可以推行双导师制。职业院校的双导师制指的是在学校内，教师担任学生的导师，指导学生的学习，校内导师为学生综合素质、创新精神和创新实践能力的训练提供了保障；在校外，行业或企业的专家、技术人员担任学生的第二导师，重点培养学生的职业技能，校内导师和校外导师可以组成配对关系，共同指导学生。通过实行双导师制，能够加强对学生的个性指导，并根据学生个人的能力、志向和特长，指导他们制订个人学习计划，对他们从入学到毕业进行全程指导和负责。双导师制在目前不失为解决职业院校师资不足，特别是“双师型”教师缺乏问题的一个有效方法，同时也有利于职业院校加快“产学结合、校企合作”的体制改革。

（三）完善校企合作制

遵循教育性、互利性、平等性原则，推进校企双方的深度合作，调动企业积极性，搭建学生创新实践平台，推进校企双方利益共享。学校为企业发展提供各种技术、营销、管理、咨询服务，企业则主动向学校投资，建立利益共享关系。要建立合作的长效机制，促进学校积极利用企业的优质资源，包括物质支持、平台共建、师资提升等，改革教学，促进学生创新实践能力和职业技能水平的提升。

三、改革职业院校课堂教学方法，提升人才培养质量

课堂教学是培养学生创新精神和创新能力的主要渠道。

对于理论教学，教师应综合使用多种教学方法，比如启发式教学法、讨论法、案例教学法等，培养学生的自主学习能力和创新思维能力，提高学生的自学能力、动手能力、分析问

题和解决问题的能力。

对于实践教学，要注重学生在实训过程的主体地位和教师的主导作用，培养学生动手操作能力，激发学生勤于动手、勇于实践、探索未知的精神，让学生能够在实践中接触和感受最新的科研成果，激发和增强学生的创新激情和创新能力。

需要指出的是，二者不能完全割裂开来，理论教学与实践教学应有机融合。理论教学与实践教学是一种“实践一理论一再实践一再理论”的模式，把理论教学与实践教学结合起来，理论教学以学习创新的理论知识为主，实践教学以培养学生的创新能力为主，两者并重，使创新的理论知识化为创新的能力。

在信息化大发展的时代，职业院校应当加快推进教学手段的改进，运用移动智能终端借助网络资源的优势，在课堂教学中引入实时的网络信息，增强课题内容与目前社会的结合程度，使学生更能感受到所学知识点与当下社会实际的结合度，以此激发学生的学习兴趣，还要为学生提供丰富多彩的课外知识材料，拓展学生的学习空间。例如，在机械专业课上，教师可结合相关内容在课前备课的时候就找好相关实操视频，学生互相讲述所见、所想，展开点评、讨论，这样既巩固了所学知识又拓宽了知识面。

课前预习和课堂导入阶段，学生良好的课前准备和学习情绪的充分酝酿，对于课堂教学的成功有着很好的助力作用。教师可以运用微课激发学生学习兴趣，引导学生思维走向，诱发其探究学习欲望，使其主动参与到教学活动中。

在课堂教学实践阶段，将 iPad 等移动智能终端应用到课堂教学实践中最大的优点就是人机互动，可将不同学科有机融合，充分培养学生的综合实践能力。例如，在课上，可设计课堂实践练习，使移动终端推送的素材和实践操作相得益彰。还可引导学生借助 iPad 设计简易的布景、海报、墙报、手抄报。从这一系列的教学互动中，将学科与学科相互交融，学生眼、手、口、脑并用，学生驾驭信息技术，学科跨界操作增强了学习体验，使得学习互动广泛而高效。

由于学生的认知水平是有差异的，对于一些关键的知识点并不是所有学生都能明白，若是问题得不到及时解决，还会使其逐渐丧失学习兴趣和自信心，这对人才的培养是很不利的。这就需要教师精心设计教学环节，引导学生参与进来。例如，在教学微积分或几何问题时，其实是很抽象的，在以往的传统教学中，通常是以教师讲解 + 演示 + 学生操作的方法来突破这一重难点。这种方法能够使部分学生掌握这一技能，但往往有一些学生错过知识讲解的重点，或在听课过程中一知半解，进而导致对该知识的缺漏。为此，在教学中，教师要适时利用动画微课讲解，一方面可以紧紧抓住学生的注意力，另一方面通过动画演示三角尺和直尺摆放的位置，让学生可以更清楚地抓住重点，在难点处还可以着重批注讲解，使知识点更加清晰。对于课堂上掌握不牢的学生还可以通过反复观看微课达到巩固和加强的效果。

第三节 深化职业考试评价改革

一、促进“技能高考”改革，选拔具有创新潜质的学生

“技能高考”作为高考改革的一种新模式，具有不可小觑的价值和意义。它有利于连接职业教育，构建独立的职业教育体系，有利于引导中职教育教学改革，有利于职业院校技能型人才的培养；同时给中国高考改革带来清新的气息，有利于深化高考改革，形成多元化招生考试格局。

促进“技能高考”改革有助于连接职业教育，构建独立的职业教育体系。《国家中长期教育改革和发展规划纲要》提出：“要完善职业学校毕业生直接升学制度，拓宽毕业生继续学习渠道，建立以考试招生制度改革为突破口，逐步形成分类考试、综合评价、多元录取的考试招生制度。”职业教育是一个独立的教育系统，应当独立于普通教育。“技能高考”首次打破所有考生一张试卷的高考“大一统”局面，这项改革被舆论誉为“破冰之举”，“技能高考”更是被比喻成职业院校学生跨入大学的“立交桥”。

促进“技能高考”改革有利于引导中职教育教学改革。中职学校的办学优势在于培养实用型技能人才，而技能人才的显著特点是动手能力强。“技能高考”作为一种强有力的指挥棒，可以有效地“指挥”教育教学。它有利于引领中职教育教学改革，突出实践教学和技能培养，加强技能培训，并使之成为中职学校的立校之本。

促进“技能高考”改革有利于职业院校技能型人才培养。职业院校和普通院校在培养目标上有很大区别，所以职业院校不能沿用普通院校的人才选拔模式。职业院校培养的是在生产、建设、服务、管理第一线的高端技能型人才，而录取到具有实践操作能力的优质学生，是保证职业院校技能型人才培养的一个基础和前提。因此，职业院校的选才标准应侧重于技能的考查，偏重实践操作能力的检测。技能型高考用一种新的方式，打破了普通高考过于注重科学文化基础知识的考查，忽视对能力素质检验的传统。“技能高考”赋予专业技能操作考试较大的比重，有利于挑选到职业院校需要的人才，这更加符合职业院校教育教学的实际。

促进“技能高考”改革有利于深化高考改革，形成多元化招生考试格局。近年来，高考改革取得不小的进步，在全国统一考试的制度下，已经注意到多样化的问题，出现中学校

长实名推荐制、职业院校自主招生考试试点等。“技能高考”，鼓励人们探索新的招生考试模式，使得招生考试制度更加适合于不同类型、不同层次的职业院校，有益于深化高考改革，形成多元化的招生考试格局。

任何一种考试制度想要发挥出应有的作用，都必须在实践中不断改革，趋于完善。尚处于试点阶段的“技能高考”要得到大范围的推广，就需要从以下几个方面着手努力。

一要建立和完善考试招生管理制度。考试招生管理制度的缺陷是造成教育不公平的重要因素。因此，为保证职业院校自主招生考试的公平公正，必须建立和完善自主招生考试管理制度，推动职业院校自主招生考试由试点转为常态管理。首先，建立和完善自主招生考试公开制度和招生公示制度，完善和落实招生考试的政策、制度和办法。依照各项管理规章制度，严格规范招生管理工作，切实做到政策执行不走样。其次，完善各项工作制度，加强招生工作管理。要制订和完善自主招生人员的管理制度，加强对自主招生人员的教育与管理，明确工作任务和责任，严肃纪律，完善责任追究制度。最后，进一步建立和完善自主招生工作的各项监督制度，加强对自主招生考试的监督，以保障考试的公平公正性。

二要建立和完善更加科学的录取标准。“技能高考”要发展，就必须建立更加科学合理的综合素质评价体系。对于文化课考试，可以参照普通学校统一入学考试的模式；对于技能操作的考评，无成熟范本可以参照，需要在实践中进行摸索。欲建立和完善科学的录取标准，可以请教育评估专家，针对不同专业的性质、特点和要求，对各个重要素质、能力的等级及权重进行量化，以形成综合素质评价体系评分表。构建一套科学合理的招生录取标准，录取标准应当具有较高的信度和效度、合适的难度和区分度，既能体现考试的基础性，又能发挥考试的选拔性功能；既能保障考试的公平性，又能提高考试的效率，寻求效率与公平的最佳统一。

三要拓宽生源。①改善职业院校办学条件，保证人才培养质量。提高教育质量是永恒的主题，是职业教育的生命线。要提高职业院校生源质量，根本的办法就是强化职业院校办学质量。以质量求生存，以改革求发展，只有改善办学条件，提高人才培养的质量，才能够持久地获得优质生源。②加大宣传力度，提高职业院校的认可度。宣传是提高“技能高考”生源数量和质量的重要途径和渠道。通过宣传，让更多人认识到“技能高考”，熟悉职业院校。只有让大众了解这种新的招生考试形式以及职业院校教育，人们才能从心里乐意接受，而不是被迫无奈地选择。

四要正确处理好几对关系。①正确处理好文化课基础知识考核与技能操作考核的关系。“技能高考”一改以往考试侧重文化课基础知识的考核，第一次尝试把技能操作考核放到比较重要的位置，强调学生技能操作水平评价，不管对于中职教育教学的改革还是职业院校人才的培养，都有重要作用。因此，应当坚持技能考核，强调学生的实践操作能力。但是，强调技能并不等于不需要文化基础知识，学生的文化基础知识同样重要，因为文化基础知识是学习专业知识的基础，学生只有掌握了一定的文化基础知识，才能更好地去学习、理解和掌握专业知识。另外，文化基础知识有助于提高学生的综合素质和能力，有助于开阔视野，提高学生可持续发展的能力。因此，“技能高考”不能一味地强调技能，而应当在强调技能的基础上，不放松对文化基础知识的重视。把文化基础知识的考核与技能考核有机地整合起来，真正选拔出那些掌握一定文化基础知识、具备学习的能力，同时具备较好的实践操作能力的人才。②妥善处理考试的基础性和考试的选拔性之间的关系。“技能高考”与传统高考有所区别，“技能高考”文化基础知识的考核更加侧重于基础性，技能操作考试也偏重基础技能技巧的考核，因此，从整体上看，技能考试具有基础性，挑选出具备一定基础知识和技能的中职生，是不少中职生跨入大学的“立交桥”。但是，“技能高考”作为一种选拔考试，又必须具备选拔功能。因此，在保证考试基础性的情况下，又能发挥考试的选拔功能，应妥善处理好二者的关系。③处理好考试公平与效率的问题。公平与效率是一对矛盾，既对立又统一。高考的公平与效率问题历来是人们争论不休的话题，“技能高考”同样也不能回避这对矛盾。“技能高考”若试图推而广之，也必须考虑是效率优先，还是公平优先的问题，还要做到既能保障考试的效率，又能兼顾考试的公平，因此，“技能高考”需要进一步深化理论研究。另外，作为一种新生事物，“技能高考”只有在实践中不断完善，才能最大限度地保障其公平性和科学性。

二、深化自主招生考试改革，帮助创新人才脱颖而出

所谓职业院校自主招生，是指经上级教育主管部门批准的职业院校依法自主进行入学测试、自主确定入学标准、自主实施招生录取的招生方式。考生参加院校自主招生测试合格后，可直接被录取，不用再参加高考。职业院校自主招生考试有利于深化职业院校招生体制的改革，学校有更大的自主权；同时打破了简单通过高考这座“独木桥”走向职业教育殿堂的传统，给广大在某一方面有特长和技能的学生一次机会，有利于其特长的发挥。

公平性对于任何一种考试都至关重要，职业院校自主招生考试应该坚持公平、公正的基本原则。所谓“公平”，就是公正而不偏袒，对所有人员一视同仁，不带任何偏见，又称“正义”“平等”。在某种意义上解释为“正义”“公正”。职业院校自主招生考试制度需要在实践中逐步完善，进一步提高考试的公平性。本书认为，保障职业院校自主招生考试公平性和公正性，可以采取以下几个方面的措施。

一要创新职业院校自主招生考试理念。传统高考模式下选拔的理念基本上是依据成绩的优劣，不少偏才、怪才不管其天赋潜质如何，在高考竞争中很难获得竞争优势，而职业院校自主招生要能实现理念上由原先“分数至上”“一纸定终身”等转变为基于专业及学生特长双向选择，考试应该重在选拔和录取具备某一职业发展潜质的苗子，这类人才需要同时能够符合生产一线实际需求，能够有培养的潜力，考试录取的内容要更加注重应用性与技

能性，贴近生产生活实际，职业院校自主招生考试要转变仅看文化基础课成绩的传统模式，结合考生实际操作、职业倾向等综合考测其发展的潜质，真正树立与落实考试公平性与个性化平衡的理念，通过多元考试评价理念的确立与落实，为行业和企业真正选拔出合适的人才。

二是建立和完善更加科学的录取标准。职业院校自主招生的原意是给各职业院校充分的招生自主权，让学校能够录取到符合自身培养目标的人才。为保障职业院校自主招生考试的公平公正，录取到所需的人才，科学的录取标准尤为重要。综合能力测试中对分值没有做任何硬性规定，专业技能测试也缺乏统一的标准，但是没有规定、没有标准不等于招生录取可以毫无章法。建立更加科学合理的综合素质评价体系，请教育评估专家对各重要素质、能力的等级及权重进行量化，形成综合素质评价体系评分表。录取标准更灵活，各职业院校应该根据培养目标的要求，形成个性化的评价方案。针对不同类型学生特点，采取推荐录取、破格录取、自主录取、定向录取等多种录取方式。

三是自主招生过程公开化、透明化。在职业院校自主招生的语境中，所谓透明度，就是职业院校自主招生相关信息的公开度，亦即有关自主招生的录取方案、工作流程、动态信息、咨询答复等信息的顺畅流通并可以被公众自由获取的程度。招生过程的公开化、透明化可以最大限度地避免自主招生的“暗箱”，保障职业院校自主招生考试的公平性，最大限度地保障广大考生的利益，促进职业院校自主招生长足发展。职业院校自主招生要更加透明化，招生工作本不是什么“社会机密”，完全可以建立公开透明的招生工作体系，使得招生录取工作公开化、招生信息透明化，向社会公开整个招生过程，接受外界监督，把自主招生录取工作置于群众监督和舆论监督之下。总之，只有保障职业院校自主招生操作过程的透明、公开，才能从根本上确保职业院校自主招生的公平公正。

四是完善自主招生监督机制。为保证职业院校自主招生考试的公平公正，需要不断完善职业院校自主招生考试监督的长效机制。可以从法律监督、社会监督、自我监督三个层面来建立职业院校自主招生考试监督机制。①法律监督。目前我国现有的法规和政策并未对职业院校的自主招生考试作详尽说明，迫切需要国家出台相关政策法规或完善相应的法律法规，建立完善的自主招生考试监督机制。②社会监督。欢迎社会各界进行监督，发挥舆论监督作用和功能。允许媒体进入职业院校的自主招生程序，使职业院校自主招生考试的选拔程序公开化、透明化，让更多的人了解更多的信息，了解录取工作的各个环节与程序。深化社会各界对自主招生考试的进一步认识，善于听取来自社会各方面的意见和建议。③自我监督。职业院校校内也应建立相应的监督机制，出台自己的招生监督办法。杜绝招生腐败行为，受理有关违纪违规问题的投诉和举报，对于招生过程被举报的腐败、不公平、不公正等现象，应当进行调查处理，及时纠正并予以答复。职业院校自主招生是高考改革的重要举措，对职业院校自主招生问题的研究，可以为职业院校招生考试制度改革提供理论支持和政策咨询，进而对国家整体的招生考试制度改革产生推动作用。因而，职业院校自主招生需要进一步深化理论研究。同时，作为一种新生事物，职业院校自主招生考试需要在实践中不断完善，并最大限度地保障其公平性和公正性。这需要社会各方长期不懈的努力。

三、变革培养过程评价机制，顺应创新人才成长规律

一要树立有助于创新人才培养的考试观。建立适应创新人才培养的考试制度，需要我们树立新的考试观，改变以往那种妨碍学生创新能力培养的考试观念，摒弃那种仅仅把分数作为衡量学生素质的唯一的标准的考试观念。考试应该从学生创新能力的培养和考量出发，培养学生的质疑精神、大胆创新，建立公正全面的评价体系，正确地认识考试目的，提高学生的素质和能力。

二要坚持考试形式的多样性。美国教育心理学家霍华德·加德纳提出人类的智能是多元化的，智力因素是创造活动的必要条件。此外，人格因素是影响创造活动的重要的外部因素，应通过多种渠道、多种方式对学生进行评价，使每个学生都能通过适合其智能特点和学习方式的途径展现自己的知识和能力。培养创新人才，职业院校应该坚持考试形式的多样性，改变以往那种单一的考试形式，综合灵活地运用开卷、闭卷、口试、论文、实验等多种形式，培养和考核学生的创新能力和创新思维。把闭卷考试与开卷考试结合起来，把口试跟笔试结合起来，把平时测验与期末考试结合起来，提高过程考核成绩占课程总成绩的比例，以减少期末终结性考核带来的片面性。此外，考试的结果也可以采用多样的形式，比如，可以采用百分制、等级制。总之，采用多样化的考试形式，有利于综合考评学生的素质和能力，有利于学生创新能力的培养和综合素质的提高。

三要确立以创新能力考核为主体的考试内容培养创新人才。职业院校应该确立以创新能力考核为主体的考试内容，考试内容设计上体现对学生创新能力的培养和学生个性的张扬，使这个“指挥棒”充分发挥作用。考查学生运用知识的能力，考试内容要“活”“开放”，不应该局限于教材跟所谓的标准。理工科的考试内容侧重于创新实验设计，文史类专业侧重于对某一问题发表见解。教师评卷时，学生的见解独到、新颖，应该给予高分，从而为学生独立思考、创新思维的发展提供一个自由的空间。通过对知识的深层比较、分析、理解，锻炼学生的创新思维能力，多给学生机会探索知识，积极鼓励学生进行独立的思考，培养学生的创新能力和创新精神。

增加教学双方的创新精神、创新能力的评价要素。不能只看学生是否按教师或指导书的要求完成规定的学习任务，对有独特见解、独特方法或做出创新性成果的学生，应给以加分、奖励，注重形成性评价，将课程出勤、学习态度、课堂表现、平时作业的情况、思考问题的深度、学习提高的程度等因素列入考核评价范畴，使考试由原来的只考核学习效果

拓展到对整个学习过程和学习效果的综合考评。

四要加强职业院校考试管理。考试管理是职业院校教学管理中的一个重要环节，加强职业院校考试管理，有利于激发教师“教”与学生“学”的积极性。职业院校进行适应创新人才培养的考试制度改革，应该加强职业院校的考试管理。出卷时，加强对考试出卷的管理，提高试卷的信度、效度、难度和区分度，不断地提高试卷质量和考试质量。评卷时，不拘泥于标准答案，以一种开放的态度，鼓励学生结合教学内容大胆猜想，对于学生独到、新颖的见解，应该给予高分，为学生独立思考创新思维的发展提供一个自由的空间。此外，做好考试分析。试卷以及考试结果的分析是考试管理中十分重要的一环，是对考试的深化和提高。因此，职业院校应该重视对考试的分析，根据考试结果建立一个完整的评价体系，发挥考试的激励作用，为教学内容与教学方法的改革提供准确可靠的信息，推动教学的进一步发展。职业院校考试制度是否完善对培养创造性人才具有重要的导向功能，总之，基于创新人才培养的职业院校考试制度的改革是一个系统的、复杂的工程，因为制约创新型人才培养的因素有很多，建立适应职业院校创新人才培养的考试制度并非易事，需要各方面不断积极努力地探索。

第四节 营造技能人才成长环境

一个宽松的、使其创新潜能得以激发、展现和生长的环境，对于培养技能型创新人才至关重要。创新性人格的形成与创新思维的形成，有赖于长期的陶冶与熏陶，而民主、自由、和谐、安全的环境是创新人才成长不可或缺的养料与气候。

我国职业创新教育的开展，是一个复杂的、动态的系统工程，需要凝聚政府、市场和职业院校多方力量综合进行。只有充分挖掘“政校企行”各自的潜能，统整各方优势力量，盘活各方教育资源，才能提升职业创新创业教育发展的动力，才能确保职业创新教育的可持续发展。

一、政府层面

在政策实施上，政府要积极推进、帮助各个职业院校的成长，在每个环节严格把控，及时获取职业院校师生的反馈，针对政策上的不足，及时跟进并在权衡利弊后及时完善。国外的职业教育制度，不能照搬照抄，只能是参考。政府还可以建立职业院校试点，以一些综合性的职业院校作为职业教育改革的范例，进行政策试行，权衡政策的可行性，从中吸取经验教训，为其他职业院校的发展提供范本。经历过政策参考学习后，制定出符合我国职业教育现状的政策，再将这些政策投入试点职业院校，总结经验，将政策推行到全国的职业教育院校。尤其要注意政策实行后，应积极跟进院校的发展情况，允许各个院校在政策的基础上添加自己的特色，做好调查反馈，从师生身上了解政策是否施行到位、是否适用于其他院校，总结优秀院校的办学特色和优势，并跟随时代的发展，不断改进和完善政策。

政府要加强对职业院校开展创新教育的政策支持和财政支持，加快提升服务水平，做好创新教育服务与指导工作。职业创新教育是我国创新教育体系中的重要组成部分，政府要加快出台职业创新教育的政策法规，明确规定政府、社会、企业、学校等各类主体在创新教育开展过程中的义务和责任。通过政策法规的调控，政府引导和支持社会力量广泛参与到创新教育中，使得创新教育的开展具有坚实基础。同时，政府要为职业创新教育的开展提供有力的财政支持。中央和地方政府要制定科学高效的财政支持政策，合理分配中央与地方的财政责任，以地方财政支持为主，不断加大地方财政投入力度，确保职业创新教育的开展能够获得财政保障。另外，政府要立典型、树榜样，积极选拔创新教育成功开展的典型院校，推广典型院校创新教育的特色发展经验，供其他院校学习和借鉴。总之，职业创新教育的开展是一个复杂的、动态的过程，要充分发挥政府的引导和服务作用，加强政府对具有特色化发展潜力的职业院校进行创新教育的政策支持和财政支持，对职业创新人才培养发挥积极有效的作用。

一要建立相关法律法规。政府应加快与创新教育相关政策法规的修订，建立合理的创新教育管理体制，创设健康的法律环境，以保障职业院校创新教育的进行。建议将创新教育纳入国家发展规划中，从国家政策法规上，将创新教育作为新时期的一种教育形态纳入原有的教育系统中，并出台相关法律法规，对创新教育的地位、实施和评估等方面作出规定。

二要搭建职业院校与企业界联合的平台。政府要积极搭建职业院校与企业界联合办创新教育的平台，为职业院校开展创新教育拓宽合作渠道，引进企业的实践经验，借鉴行业企业的创新模式，促进职业创新教育的发展。具体来说，这一举措不仅可以在搭建实践基地、开发师资方面发挥作用，也可以促进职业院校与行业企业开展多种形式的战略技术联盟，促进创新教育校企合作共建，加强职业创新教育与企业相关合作的力度。

三要引导建立科学的评估机制。创新教育的质量评估是检验职业院校创新教育是否高质量开展的重要举措。相关课程是否有效实施、职业院校学生权益是否得到保障、多元服务体系是否健全等都将影响创新教育的高质量开展。因此，政府应将创新教育课程的实施、职业院校学生权益的保障程度、多元服务体系的建设情况作为重要指标，以此来衡量创新教育发展的质量。

二、社会层面

在经济转型发展期，创新人才成为企业实现可持续发展的关键因素。社会层面的行业、企业及产业要加强创新教育参与意识，要认识到创新人才培养是全社会的共同责任。一方面，企业、行业最为了解自身的人才需求，在人才就业的双向选择中掌握主动权。企业要根据自身转型发展需求，积极参与职业创新教育专业建设上来，为职业创新教育的开展提供符合企业发展实际的建议或意见，以促进职业创新教育人才培养方式与企业实际需求相衔接。另一方面，职业创新教育必须依托企业进行，企业应为职业创新人才的培养提供有利条件，实现双方的合作与共赢。通过构建多样化的产学研基地、多职能的校企合作平台，实现校企协同发展，这既有利于企业开展应用型项目研究，从职业院校获得有力的技术支持和人才支持，提升企业转型发展能力，又能促进职业院校推进校企深度合作，为实现创新人才特色化培养搭建平台。

运用信息化手段推动职业教育开放办学，构建家庭、社会和学校教育的有效沟通机制。职业教育可以利用现代信息技术，进一步构建学校、社会联通的办学机制，实现职教学校的开放办学。人所接受的教育不应仅仅局限在正规的学校，而应扩展到社会生活之中，来自企业行业、生活社区等资源都能够成为重要的教育条件，职业教育学校要在现代信息技术的帮助下进一步实现与其他类型或形式教育相互整合，使职业教育变得更加灵活，向终身教育实现开放，对社会成员开放，满足社会成员接受教育的需求，增加职业教育优质教育资源的共享，促进职业教育的社会化，最终促进职业教育体系的完善。在现代信息技术下，职业教育向社会提供教育服务，实现资源共享，职业教育要成为终身教育的重要阵地，承担起为全民终身教育的职责。基于学习者个性化的需求，职业教育应提供灵活多样的教育方式，在网络科技的影响下，通过职业教育慕课、网络学习等，为职后教育提供更多便利，搭建职业教育与终身教育的沟通桥梁。

三、院校层面

职业院校本身要明确职业创新教育的办学定位，只有定位准，才能办出水平、办出特色。首先，职业创新教育要紧密结合区域发展条件和自身办学传统，力求开展特色鲜明的创新教育，避免千篇一律。区域发展条件和办学传统是一所院校向前发展的深刻基因，职业创新教育要办出特色，就必须以区域发展条件和自身办学传统为根基，科学合理地设置创新教育课程，准确把握市场对相关专业的需求变动，调整构建一系列的智能制造、新兴技术等课程，以增强学生主动适应社会环境的发展能力，实现特色发展与满足需求并举。其次，职业院校要以创新人才培养目标为指导，走“政校企行”协同办学以及产教学研相结合的特色发展道路。职业创新教育若想主动适应新时代发展需求，输送具有创新能力的高素质人才，了解市场、了解企业、了解实际，在人才培养目标上应坚持以创新能力培养为核心，坚持培养面向生产、建设、管理、服务一线的高素质技术技能型人才，与“政校企行”协同发展，实现多方合作共赢。再次，职业院校要加强教学改革，优化“双师型”教师队伍，进行教育教学的创新性改革与尝试，为职业创新教育办出特色提供重要保障。职业创新教育教学要以现实问题为导向，以综合提升学生创新能力为核心，增加锻炼学生创新实践能力的相关教学内容。职业创新教育教师队伍建设要以“双师型”要求为导向，强调教师的企业实践经验，加强对教师实践能力的培训，通过灵活的教师评聘制度，为职业创新教育特色化开展提供有力的师资支撑。最后，职业创新教育特色化开展要注重创新文化培育。职业院校要以开放的心态、包容的气度、非凡的眼光，积极融合校园文化、企业文化、社会文化等，以促进多元文化交流碰撞，为职业创新教育的特色化发展提供源源不断的动力。

（一）硬件环境建设

人才培养的硬件环境建设至关重要，职业院校要为技能型创新人才培养提供硬件环境的支持。加强校企合作，共建创新基地，推进企业创新基地的建设，职业院校教师与企业联合进行技术攻关；同时职业院校的学生也可以有机会参与企业技术开发，实现“教学—科研—开发”三位一体。企业与学校相互渗透，学校针对企业的发展需要设定科研攻关和研究方向，并将研究成果转化为工艺技能、物化产品和经营决策，以提高整体效益。此外，职业技能型创新人才的培养离不开实验设备和图书资料，离不开有利于创新人才成长的实验实践基地，离不开数量充足并且具有先进现代化教学技术设备的教室。目前，职业院校普遍存在着办学经费紧张的问题，这个问题是人才培养质量、办学水平的硬伤。职业院校除了争取政府经费支持外，还应通过行业、企业、个人等多方筹集经费。此外，更为重要的是，职业院校应该从自身经费使用的效益方面进行努力，钱要花在刀刃上，不浪费一分钱。图书和设备的购买，应该尊重教师和学生的需求，广泛地征询他们的意见，因为他们是图书和设备的使用者，只有他们才知道最需要哪些书籍和设备。另外，可以尝试院校之间资源的共享，与兄弟院校合作，合买设备、共同建设图书馆，合作学校的师生可以共同使用这些资源。

在资金提供上，政府应该继续加大力度，让职业教育从业者没有资金上的后顾之忧，体现出国家对职业教育的重视，也吸引更多学生报考；在资金使用上，政府可以通过提供财务会计管理技能类的人才支持，针对指定的职业院校来做范例。提供资金使用策略，统筹资金的运用，将师资、教材、基础设施、后勤等全面谋划，其他院校积极跟进，以期把资金发挥出最大效能。所以，在资金这一块，政府一定不能吝啬，要持续加大资金投入，也要帮助职业教育者合理统筹，让资金尽其用，做到有钱可花、花得有理。

（二）软件环境建设

人才培养的软件环境建设，要为创新人才培养创造一个宽松的成才氛围创造有利条件，要有具有高深专业知识的“双师型”教师，要有宽松的创新环境。

1. 打造创新型教师队伍

师资队伍建设是职业院校保证教育教学质量的关键一环。培养创新人才，关键在教师。不管对于理论知识的积累还是实际操作技能的提高，教师都对学生产生深远影响。

第一，提高教师的“双师”素质。多种渠道充实和提高教师队伍的综合素质，职业院校的教师必须既懂理论又会技能，并能更新原有知识库，掌握最先进的技术。一方面，改善职业院校教师的知识结构。一个优秀的职业院校教师除了掌握扎实的专业知识外，还应该具备广博的文化知识以及一定的教育理论知识。另一方面，提高职业院校教师的实践技能。组织教师，特别是那些“从学校到学校”的没有实践经验的教师，到行业、企业第一线与专家进行交流和学习，此过程可以和学生一起学习。另外，根据学校实际情况和条件，组织一些教师去挂职锻炼。

第二，加强对创新理论、教育理论的学习。创新型人才要靠创新教育来培养，而创新教育的开展需要创新理论和教育理论的指导。在教师的知识结构中，如果教师的专业知识是核心的话，那么创新理论和教育理论则是支撑，同样是不可少的。加强对创新理论的学习，组织教师利用假期学习教育理论和创新理论，重点提高教师的意识。职业院校也应该努力培养具有创新精神和创新能力的人才，并且这一目标也是有可能实现的。帮助他们在专业理论教学和实践教学中自觉地培养学生的自主学习能力、独立思考能力、创新意识和创新实践能力等。加强对教育理论的学习，更加深刻地认识职业教育现象，解释教育教学中的问题，并用教育理论来指导教育实践。让教师懂得如何教，如何培养学生的创新精神和创新能力。平常的教育教学中，把同一专业的教师编成一个学习小组，相互听课、评课，组内开展多种形式的学习活动（办月报、宣传栏等），提高教师的理论水平，使教师逐渐由教书匠转变为教育家。

第三，鼓励教师进行科学研究。从事科学研究的能力是职业院校教师必备的能力之一。不同层次、不同类型的学校，科研工作的重点和定位是不同的。职业院校教师的科研不能和研究型院校教师的科研盲目攀比，而应该根据职业院校、学生的不同特点，根据行业的要求，合理定位。应定位为以高新技术的应用、实用技术的开发研究为主，鼓励教师从纯学术研究向应用技术服务与开发方面转换，注重解决生产实践的具体问题，面向生产建设第一线，与企业合作，为企业提供技术指导、技术的更新和改造、产品的升级、技术的推广等。此外，职业院校教师的科研应和教学紧密地结合起来，通过科研，更新教学内容和教学方法，提高学生的实践能力和创新水平，职业院校可以重点采取两条措施来鼓励教师进行科学研究。一是建立激励措施。在职称评定、业绩考核、工资奖励、评优评奖等方面，对科研工作有所挂钩。二是落实科研经费。争取省级、市级的科研项目，尽最大努力向政府争取科研经费；从企业、行业中获得相应的经费，与企业合作开发项目。

第四，建立一支来自实践一线的兼职教师队伍。兼职教师队伍的建立，可以有效地降低学校开销和教育成本，提高办学效益，并且能够使学校更好地与来自行业或企业生产、管理、服务第一线的人员进行合作。纵观发达国家的职业院校，他们的兼职教师已成为教师队伍的重要组成部分。职业院校应该多聘请来自行业或企业的专家，组成一支校外兼职教师队伍到学校进行教学活动，将最新的技术引进教学；或者组织学生到工厂、车间等实践第一线，接受兼职教师的指导。聘用兼职教师，有几点应该注意。首先，要做好岗前培训工作，帮助兼职教师学会教，把自己的技术通过合适的教学方法传授给学生。学生只有掌握了娴熟的技术后，创新也才有了可能。其次，加强对兼职教师的管理，如签订聘用合同，规范聘用程序，健全对兼职教师的考核机制，建立相应的激励机制等。

2. 营造校园创新文化

文化对人具有“润物无声”的影响。文化在潜移默化间对人的观念、习惯、思维模式和行为模式产生影响。职业院校构建创新教育的文化氛围，在于为学生营造鼓励创新、支持创业、崇尚创造、强调应用的文化环境，是对学用文化的坚持。职业院校构建创新的文化氛围，是提倡“学用结合”的具体表现，是坚持学用文化的鲜明注脚，是弘扬学用文化的生动说明。只有充分发挥学生的主动创造性，让学生具有主动创新的意愿，主动提升创新能力，变革学生的学习方式，变被动学习为主动学习，变被动引导为主动创造，才是职业创新教育最大的成功。构建创新教育的文化氛围，让创新文化氛围“润物细无声”，影响学生思维模式和行为模式，使学生自主、自发、自然地培养起创新意识，这有助于提升学生的创新兴趣和创新能力。

只有大力加强学校内部创新教育环境的建设，营造出一个良好的校园创新文化，才能真正使创新人才的培养落到实处。校园创新环境的建设是一个系统工程，它包含很多因素，牵涉方方面面。开展各种形式的创新活动是建设有利于创新人才培养软环境的核心内容。大力开展各种形式的创新活动，营造努力学习和积极创造的氛围。技能型创新人才培养可成立学习兴趣小组。学习的最好刺激，是对所学材料的兴趣。兴趣是入门的向导，兴趣是创造力的源泉。在学习兴趣小组里，学生可以相互学习，共同成长，创设条件，让他们参与到项目研究中。同时，职业院校可以经常举办一些科技创新大赛，通过这类比赛激发学生的竞争意识，使其最大限度地发挥出创造的潜力。适时在学生中开展一些小发明、小创造、小制作等科研的竞赛和评奖活动，以激发学生勤于动手、勇于创造发明的热情。利用好国家级、省级、市级等各类技能大赛平台，鼓励学生积极参加各种技能大赛，以赛促学，着力提高学生的实践动手能力，努力培养学生的创造性思维，提高学生的创新意识、综合素质、竞争能力，培养高技能高素质人才。此外，利用假期组织学生深入基层，深入生产、管理、服务的第一线，利用所学的知识和技能解决生产建设中的实际问题和困难，提高学生针对实际问题解决能力，为优秀人才脱颖而出创造条件。

3. 建立灵活的创意挖掘与创新扶持机制

职业院校要根据不同学科不同专业的特点，综合运用校内外资源，鼓励学生整合各专业优势，实践自己的创意和想法。建立灵活的创意挖掘机制，为学生的发展进行创意挖掘，及时进行机会识别、风险识别等，帮助学生将创新创业的一些想法得以实践。可以通过开展创业计划大赛、学生“挑战杯”等，激发或发现学生的创意想法。以专业的创新创业教育指导团队，帮助论证学生创意的可行性与实现条件。在确定学生创意具有可行性的基础上，职业院校要结合自身优势资源，根据创新创业发展阶段，分阶段地在知识上、师资上、经费上及时提供恰当的支持。职业院校学生仍处于不断成长的阶段，尤其对于创新创业机会的认识和把握能力可能会稍显欠缺，这就需要建立灵活的创意挖掘和创新创业扶持机制，依据不同阶段对学生进行及时恰当的指导与帮助。在新企业创立时期，职业院校要组织各方资源，指导学生组建创业团队，配合学生开发商业计划，鼓励学生引入创业融资。在企业发展期，职业院校应为企业提供必要的资金或智力扶持。在企业持续成长或退出阶段，职业院校应为企业持续创新、培养竞争优势出谋划策；如果企业选择退出，则要在相关策略上提供帮助。

第四章 1+X 证书制度与职业院校技能人才培养的融合

第一节 1+X 证书制度的探索和全面推进

一、探索 1+X 证书制度是职业教育改革的核心

1+X 证书制度的探索和落实，大大增加了职业院校毕业生在就业市场成功的砝码。这一制度改革，是让单一技能人才成长为复合型技能人才，提高人才培养质量的同时也提高职业院校人才成功就业的关键。不管从人才培养质量层面来看，还是从毕业生就业矛盾缓和层面来看，1+X 证书制度作为一项重大改革举措和制度设计，在人才培养、结构性就业矛盾缓和、拓展学生就业创业广度等方面都起着不可或缺的基础性作用，是职业教育改革的核心和重点。因此，1+X 证书制度是教育制度和就业市场深度融合的必然走向，有极大的必要性探索和逐步落实推进。

二、职业院校推进 1+X 证书制度的现实意义

（一）有利于促进现代职业教育体系的完善

1+X 证书制度对于实现职业教育改革起到推进作用，对职业院校的人才培养也有着深厚的现实意义。

促进现代职业教育体系的完善。首先需要指出的是，现代职业教育体系是服务于经济社会发展的，是要输送满足社会经济发展需求的职业技能人才的。1+X 证书制度，必将有

力提高现代职业教育人才培养的多面性和专业性。

1+X 证书制度的实施，将推动职业教育体系的培训功能与经济社会需求的融合。传统职业教育从来都是学校本位的教育模式，教育课程和培训体系"一脉传承"，几乎不受经济社会的影响。1+X 证书制度在很大程度上促进了学校培训和市场需求的互通有无，从市场需求层面倒逼学校培训的改变。1+X 证书制度从根本上赋予了职业院校人才培养的特色和多样化，以市场风向和需要决定学校内的教育和技能培训，改变职业院校传统固定的课程体系，从实际需求出发，丰富并调整课程和学习内容，完善技术技能人才的评价标准，使得技能人才的培养更灵活机动，充分考量市场需求，从而达到提高人才培养质量的目的。

（二）有利于推进我国职业技能人才与国际接轨

全球化是21世纪以来最重要且不可逆的经济发展趋势，我国正以更加开放的姿态拥抱世界，为世界经济注入强大动能。

全球化过程中，国际化技术技能人才的培养也是关键一环。环顾国际，多证书制度基本已经成为国际化技能人才培养的基础。1+X 证书制度的启动，是我国与国际技能人才培养制度和标准的接轨，将在很大程度上助推我国掌握多专业技能、储备多专业知识、具备国际视野、有能力参与国际竞争的高标准高素质国际化技能人才的培养方法。

（三）有利于调动更多社会力量深入参与职业教育

国内对蓝领群体的渴望达到前所未有的高度。《中国人力资源发展报告（2017）》中指出，我国正处于劳动密集型向技术密集型转型阶段，同时随着劳动力结构性的短缺，更依赖技术的蓝领将成为未来很长一段时间内人才市场中炙手可热的技能型人才。

众所周知，职业院校更侧重知识的灌输和培养，而市场对蓝领的要求除了学历之外更看重素质和综合技能技术。

蓝领的技术往往需要社会和企业的打磨锻炼，但更多企业希望单纯做成熟技工的"收割机"。

1+X 证书制度的试点，将调动更多社会力量参与到职业教育，尤其是专业技能的培训中，从市场需求层面"反哺"职业教育中最实用的技术技能培训，形成职业院校—用人单位—学习者的正向技能传输通道。

而且，社会企业力量的介入，将从师资培训服务、教学资源保障及社会实际需求等多方面给"X"的技能技术培训提供明确方向。比如，科大讯飞作为知名人工智能企业及国家级产教融合企业参与到1+X 职业技能等级证书试点工作中，从考务培训与技能培训两方面着手，以其自主研发的教材、题库及实验资源支撑院校教学，确保真正培养出适合市场的技术技能专项人才。

三、探索并快速推进 1+X 证书制度是时代要求

我国中考改革要求：要坚持职普比例大体相当，并要充分利用高职扩招、本科层次职业教育试点、普通高等学校专升本扩招等有力政策，积极引导学生接受中等职业教育。也就是要将普通高中和职业技校的录取比例由之前的6 ∶ 4调整为5 ∶ 5，进一步调整普职率为50%，而且要加强中等职业教育的入学引导。这是国家产业布局结构调整在教育层面的体现，连年的高校扩招已经储备了相当数量的高等院校毕业生，但中等职业院校毕业生缺口却逐步扩大。

建立起我国“高级蓝领”的制度和相关体系认证，保证中职院校学习者真正能够学有所成，真正掌握市场迫切需求的技能和技术，1+X 证书制度的推进和完善将起到至关重要的作用。

一个国家的发展既需要顶尖人才的钻研，更需要千万高素质劳动者的技能打造。1+X 证书制度顺应时代需要，将从根本上为职业技能教育提供保障和出路，解决我国职业技能人才培养难题。

四、1+X 证书制度改革实施可行性路径探讨

（一）政府部门需做好统筹规划和制度设计

《国家职业教育改革实施方案》指出：国务院教育行政部门要做好职业教育与培训标准化工作的顶层设计，指导职业技能等级标准开发。

1. 政府部门的管理角色需要最先界定

作为管理者，政府相关部门首先应该给予“X”证书充分的权威性和社会认可度。凡事预则立，职业技能证书的设立和含金量只有通过权威背书和严格论证，才能被社会广泛认可接受，受到行业和企业需求认证的职业证书才是最终成立的，也只有这样的职业证书才有生命力和含金量。

1+X 证书制度中的“X”证书是与区域、行业、产业及时代特征紧密相连的，这就需要政府部门具有足够的敏感性和洞察力，根据区域内企业行业发展、专业需求和职业院校人才的培养情况，进行高屋建瓴的统筹和把握，及时调整完善。

当然，相关政府部门的设立和统筹跟进需要时间和规划，在目前相关职能部门暂时缺失和不完善的情况下，政府可以采取“采购”服务的方式公开公正地从社会主体中选择职业技能等级证书的培训评价机构。这样，也可以彻底将“运动员”“裁判员”和“公证员”区别开来，政府做好证书的顶层制度设计，培训评价机构负责职业技能证书的具体操作，诸如培训、审核及动态调整等。

需要特别关注的是职业技能等级证书的退出机制。职业技能证书既要“严进”，也要有

管理有秩序地退出，适应市场需求的职业技能等级证书要大力发展，缺乏市场需求的证书要适时退出，从而确保职业技能等级证书的含金量。职业技能等级证书的设计审核程序和标准，以及证书的动态化调整，都应该是政府部门提前研究制定的。

2. 创立基础考核标准，推动制度落实

"X"证书需要国家层面的考核标准，只有国家层面的考核标准明确之后，相关部门、院校、产业协会才有可能以国家考核标准为基础制定本组织内的相关标准，如教学标准、课程标准、培训标准等。

而基于需求决定供给的原则，国家考核标准的制定又需要建立在企业真实需求的基础上，从用人单位、行业需求出发，汇总形成相关考核标准，完善 1+X 证书制度体系。考核标准建立之后，1+X 证书的考核题库标准也需要尽快建立。考试是一切证书颁发的基础和标准，只有在公平、公开、公正基础上创立了题库标准，才是真正夯实了 1+X 证书制度的基础。

3. 搭建国家资历框架，提供基础激励

在国家出台的 1+X 证书制度试点运行要求中，"加快建设国家资历框架"是被重点指出的。国家资历框架是 1+X 证书制度落实的终极保障，它根据知识技能构建出一个连续的资格网络图谱，在这个图谱中，个人的知识、证书不断积累得到认可认证，并可进行转换，堪称职业教育和学历教育的"立交桥"。在国家资历框架这座"立交桥"的沟通下，1 与 X 将实现无缝衔接与畅快转换，实现职业教育和学历教育的无障碍连接，从根本上激励职业院校学生学习更多专业技术。

4. 打造国家层面的开放型共享化权威信息平台

根据 1+X 证书制度的相关政策，国家相关政府部门应建立面向社会的共享化信息平台，做到 1+X 证书制度相关动向的实时更新，聚焦社会关注度。

共享化信息平台的建立，便于 1+X 证书制度更广泛关注人群获取相关信息，还可以帮助目标人群更快捷、高效地规划职业发展路径，选择适合自身和时代要求的培训科目，提供一站式职业生涯培训服务。

（二）建立并完善 1+X 证书制度培训评价体系

1. 明确培训评价组织定位

培训评价组织的明确和清晰定位，是职业技能培训扎根职业院校的基础。作为职业技能等级证书及标准的制定者和操作者，1+X 证书制度培训评价组织是技能证书质量的第一责任主体，应同时具备以下几个条件：首先，培训评价组织必须拥有开发技能等级证书标准的能力和实力，熟悉该职业技能行业里相关的行业生产的流程、行业服务的规定、行业新技术和新材料的更新、生产方式的变化、不同工作岗位对具体技能的要求，熟悉行业的技术技能标准、职业素养标准，并具备开发专业技术技能标准的经验。因此，培训评价组织具有行业背景是重要条件。其次，培训评价组织必须熟悉教育教学的规律，熟悉教学过程和出版教材的原理，熟悉课堂教学的基本组织形式和教学改革发展，这就要求培训评价组织要具备相关的教育和培训的能力。再次，组织学习者考核发证需要有考核的站点、考核的题目题库、相关的专家队伍等，培训评价组织就应具备考核评价机构属性，这决定了培训评价组织需要兼顾多种职责和功能。

2. 界定培训评价组织功能

明确界定功能，才能更好地各司其职。根据1+X 证书制度的实际需求，培训评价组织的功能需覆盖：制定技能等级证书标准、开发课程教材以及相关的学习资源、检验考核站点是否符合建设标准、评估以及认证技能等级证书等，并协助考核评价机构做好考核的具体实施。培训评价组织机构应该汇聚相关行业的龙头企业和专家能手，需要在制定标准、开发教材和相关的学习资源、培训“双师型”教师、技能等级证书的考核、管理和颁发等方面，都有一定的经验和实力。

（三）着力教学体系改革，打造专业教育与技术技能培训并行体系

职业院校是1+X 证书制度试点的实施主体。作为专业技术技能人才培养的主要阵地，有必要提升责任感和使命感，从教学体系入手，着力推进专业教育和技术技能的培养融合，构建专业教育和技术技能培训齐头并进的一体化发展，夯实1+X 证书制度底层基础。

1. 重构人才培养模式

1+X 证书制度的关键就在于“1”学历与“X”若干技术技能的同步融合，传统的人才培养方案已经不能适应当前社会的经济需要，保证1+X 证书制度快速顺利实施的前提是重新构建人才培养模式。

新的人才培养模式需要多元主体协同合作，既要有企业参与，体现当前企业的用人需求及行业人才的发展规划，也要有学校推动专业和技术技能的融合学习。学校要积极主动与社会接触合作、与行业协会加强合作，促进各级各类因素在新的人才培养方案中结成多层次、多内容的合作关系形态，创造性地打造出相互依赖、共同进步的产教融合创新技能人才培养模式，形成学校、培训评价组织和龙头企业等多元主体、多样化交互支撑、相互促进的环境，只有多个层面的主体积极加入、相互配合、认真总结才能优化完善新的人才培养方案。学校做好教的任务，企业做好鉴定的任务，双方既合作又互相监督促进，企业协助学校做好人才培养的方案，学校帮助企业做好培养优秀技能人才的工作。

在1+X 证书制度下，职业院校亟须加快建设一支既有扎实理论基础知识，又有丰富经验和技术技能，可以开展教学培训的教师队伍，全面提升教育教学质量。职业院校应该把教师取得职业资格证书纳入教师素质综合提高规划中去，对取得职业资格证书并能够对学生、教师进行“X”证书培训的教师给予必要的激励。实施1+X 证书制度的学校要定期地“请

过来”“走出去”：“请过来”即引进具有丰富工作经验的企业人员来学校做专兼职老师，鼓励企业人员参与到职业教育的教学改革中：“走出去”就是定期选拔有意愿的教师到企业中实习实训。职业院校应优化教师团队能力层次梯队，组建一支既会动手又会动脑的“双师型”教师团队。

2. 重新梳理课程新体系

目前，绝大多数职业教育的专业课程结构是专业基础课和专业技术课构成的金字塔结构。专业基础课为塔基，专业技术课为塔尖，专业基础课对应的是1+X 证书制度中的“1”，专业技术课对应的是“X”。课程体系改革最简单的说法就是需要改变过往“塔基”和“塔尖”的课程重视和时间配置，需要同时兼顾专业基础课和技术技能课程，即需要从根本上重视技能技术培训，更新课程体系。

课程体系的更新需要同时把握两点：第一点是建立更接近实际生产环节的实习实训课程，紧密联系企业，加快建设学校自有的专业实习实训基地，让学生学到的技能可以切实地有用武之地。让学生感觉到知识带来的快乐和乐趣。第二点是最重要的，就是保证教学课程和实习实训课不落后于新技术的发展，要时刻关注社会上对新技术的需求和新技术的出现，联合企业共同探索实践，并及时反映到学校的教学体系和课程中。

设置核心顶层课程，并根据实际情况确定学生学习目标任务，建立每个专业的“1”和“X”的课程新体系，可以更好地提升学生的培养质量。以导向为突破口自上而下设置课程学习目标，根据行业企业实际需求筛选课程内容，既照顾到实际需求也要照顾到学生的学习能力和进度，清晰学生对专业的认知。

需要重视的是，1+X 证书制度中的“1”相对来说是稳定的，而“X”则是不断发展，不断更新的。“1”与“X”不是简单地加在了一起，两者之间有着补充、强化和扩展的关系。学历教育同步等级证书教育，杜绝认知上的喜好偏颇，“两手抓、两手都要硬”，保证学生在完成学历教育的同时，能够取得“X”项职业技能等级证书。

3. 创新1+X 证书制度的教学方法

1+X 证书制度的实施，对实习实训课的要求会更高，这就需要在更新教学课程的基础上，对教学方法进行相应的提升和创新。

职业证书的考取过程中，实际操作部分的比例占到百分之七十，学生除了在课堂上学习理论知识以外，还需要重点了解如何将理论应用于实践中，学校可以通过课堂教学和网络资源线上的平台教学，将知识点以任务驱动化、碎片化形式来展现。

具体的教学方法需要将知识点先细化、后拆分，然后按照案例教学法和任务驱动法进行教学实施，同时借助网络教学资源平台进行课程管理，线上讨论知识点，在线布置作业，定期进行技能考核，既可提高教学效率，又能提升学生的学习效果。尤其需要增加1+X 实操课的在日常教学课时里的比例。

因此，学校可以选择授课课程中的一个或多个模块进行考核。但是现在一般职业院校，每个班都有40个人左右，而针对每次实习实训课程的教学，不可能满足每人都有一套设备。具体教学过程中可以根据实训任务书要求，进行分组教学，每小组独立完成实训任务，借鉴翻转课堂法来完成教学。学生在实训过程中，实习实训设备不会改变，不同学生在同一套设备上进行翻转训练，最后每个学生将所有实训项目做完后，便实现了一个的实训项目的训练翻转，实训项目结束。

4. 建立并完善多种制度

制度是保障改革效果最直接有效的措施，1+X 证书制度的顺利实施也需要多项制度的护航。

首先需要建立课程置换的制度，就是由企业根据自身研发的先进实训体系去置换学校旧有的课程模式。这样，学生在接受教师的培训时能有更多的机会来接触更多更前沿的专业知识，学校以企业、培训评价组织和 X 技能证书所使用的课程为基础，考虑自己所用的教材和实际的教学计划，与学校的整个专业课程设置进行对比，置换一些师资培训、专业教材和教辅课件，并将此课程置换内容安排在本学期或下学期的学生的学习中，从而保证学校的教育与社会需求的同步。

其次是课证的通融与多元化选择制度。打通专业课与技能证书的壁垒是保证 1+X 证书制度得以顺利实施的关键。职业院校要将课程内容与技能技术标准进行对接，最大程度地将技能技术证书涉及的知识内容纳入院校的日常教学中。同时也要坚持证书的多元化选择管理制度，同意并鼓励学生根据自己的兴趣爱好、职业生涯规划、专业学习质量、学校实训室的建设以及企业实习实训等配套设备来选择考取哪种“X”证书，自主选择未来的职业方向。

5. 重视师资队伍的建设和提升

1+X 证书制度需要一大批具有解决行业企业疑难杂症能力的真正的高水平“双师型”优秀教师。教师的角色要从传统意义上的知识的传播者变成技能学习的组织者和技术创新的指导者。1+X 证书制度的实施对教师提出了更高要求，也对教师队伍素质有了更多倚重。1+X 证书制度要求教师队伍既能“上得厅堂”讲专业理论知识，也要“下得厨房”知悉行业一线实操。教师队伍是 1+X 证书制度的源头，所以职业院校应当把提高教师队伍整体素质作为头等大事。

重视校企合作、产教融合对教师的培养带动。校企合作、产教融合、工学结合是 1+X 证书有效实施的重要载体，教师更要通过校企合作、产教融合、工学结合来提升自己，提高自身的综合能力和素质。“X”证书的开发与评价标准的制订需要企业的大力支持，在企业参与人才培养的过程中，教师要及时听取企业在人才培养、人才需求方面的建议和意见，及时调整自己的人才培养计划，主动与当地有特点的行业、企业开展全面的战略合作，共同制订符合企业需要的人才培养模式，开发相关的行业课程并制订职业技能鉴定标准等。

教师要积极主动参与到职业技能等级证书的开发上，把行业、企业所需的最新知识、技术技能融入人才培养方案中。教师还可以利用课余时间，用学校的实验室、自己的科研团队等优势资源为行业企业提供技术上的支持，既做到学校和企业共同育人、合作双赢，又能提高自身的业务能力。

1+X 证书制度注重培养教师在科学教研及实际实践项目中的实际工作能力，鼓励支持教师与校外优质单位交流合作，利用假期和业余时间到企业中去，了解具体工程项目，以更好地促进教产相长，提高教师的实际操作能力。线上线下，校内校外的教学模式，是组建“双师型”师资队伍的有力抓手，此种模式下的教师队伍既是理论专业知识过硬的“先生”，也是技术能力炉火纯青的“师傅”，有利于为职业院校学生提供专业理论与实战技术融合共生的学习环境。

加快引导教师的意识转变。作为教师，首先要有转变自身传统教学模式的意识，一方面要认真钻研职业教育理论，另一方面要不畏艰难险阻，亲自到实训的一线战场上去，积极参与到现代化社会经济的建设中。如果想要有大量高素质的技能工人，首先需要大量具有丰富先进实习实训经验的优秀教师。教师要积极主动提升自己的实践技能，学校要积极引导，企业也要大力支持。

打造双师型教学创新团队。“双师型”教师在推动 1+X 证书制度的实施过程中具有举足轻重的地位，职业院校只有拥有相当比例的“双师型”教师才能更好地完成试点工作。1+X 证书制度中的“X”证书的教学培训工作必须交给具有相应的职业能力和专业技术技能的“双师型”教师来胜任。因此 1+X 证书制度下，需要这些教师既能站上讲台讲课，又能下得了企业干活。从而建设一支理论知识丰富、会教学、懂操作的专业技能高、实践动手能力强的高素质“双师型”教师队伍，优化职业教师队伍能力结构。

积极组织教师参与技能培训。丰富职业教育专业的“双师型”教师标准内涵，将能胜任目前含金量更高的 X 证书作为“双师”的重要评价标准，职业教育教的学生是以就业为前提的，而目前部分教师动手能力并不高，或者说很弱。可以选派教师深入企业生产一线，与企业生产一线的工人师傅同吃同住同劳动，掌握一手生产需求和资料，熟悉各个岗位工作任务和职责，针对不同岗位的任务职责，将实践经验有的放矢反馈到日常教学中，通过课堂教学教授给学生。学校要对新入职的教师和老教师建立不同的培训制度，比如实行入职新教师的实习制度和教师下企业实践制度相结合的培训制度。只有拥有掌握新技能的教师，才能教出拥有新技能的学生。

提高教师开展 1+X 技能人才培养的自觉性和积极性。职业学校应该把教师取得职业资格证书纳入教师素质综合提高规划里面去，对取得职业资格证书并能够对学生、教师进行“X”证书培训的教师给予必要的激励，为教师的职称晋升提供新的通道。增加专业课教师的职业技能培训，提升教师的专业技术技能水平。每年都要安排一定比例的优秀教师到当地优势企业或本校实习基地实训 1 ～ 2 个月或者更长时间，对教师额外参与的职业技能等级证书培训工作量和实习工作量给予一定的物质或者精神奖励，他们安心学习新技术、新工艺，根据实习培训成果给予教师再晋升、职称评定方面的优惠政策支持。有效提高他们参与到 1+X 证书制度建设的过程中的自觉性和积极性。

丰富教师队伍，探索聘请行业专家兼职教学。在 1+X 证书制度中，专业技能技术的掌握是极为关键的，职业院校有必要探索并鼓励行业和企业的优秀人才到学校去教授指导学生。职业院校需要主动联系行业协会，对协会优选人才进行相关教学培养，聘请既能上课也能指导学生实践的优秀产业工人或专家来校任教，以提升学生的专业素养。

第二节 1+X 证书制度与职业院校技能人才培养融合的内涵与逻辑

一、1+X 证书制度与职业院校技能人才培养融合的内涵

（一）技能人才需求

技能人才是指在生产制造、商贸流通等领域岗位一线，熟练掌握专门知识、技术，具备精湛的操作技能，并在工作实践中能够解决关键技术和工艺的操作性难题，具有高级工、技师及高级技师相应职业技能水平，并持有相应职业资格证书的人员。技能人才普遍具有较强的适应力、创造力及动手力，是推动技术创新，实现科技成果转化的重要力量。

在产业基础高级化、产业链现代化的攻坚战中，需要大量的可以与世界上最先进的产业工人相媲美的技能人才。随着我国发展质量效率提高、经济结构不断调整、产业转型升级，对技能人才的需求将日益旺盛，但从数量上看，相较于整个就业和经济发展需求看，我国技能人才总量仍然不足。

（二）技能人才培养的途径

技能人才在中国的培养模式大致有企业培养、院校培养和校企合作培养三种方式。目前，院校培养和校企合作培养这两种培养模式已经逐渐成为更快更好的培养模式，两种培养模式都主要依托于职业院校，这主要是因为职业教育具有高等教育和职业教育双重属性，

针对培养生产、建设、服务、管理第一线的高端技能型专门人才，培养出的技能人才具有基础化、系统化、规模化的特点。

经过这几年的改革和发展，我国现有的职业院校的专业大类、专业结构对应于我国的产业结构和经济结构，专业设置与人才培养密切结合，特别是培养目标明确了高素质技能人才的培养方向，促进了制造、建筑、能源化工、交通运输、物流管理、电子商务、电子信息、农林牧渔和服务业等行业技能人才需求与职业院校人才培养的结合，推动职业院校人才培养规模改革，有针对性地培养技能人才。职业院校毕业生成为国家经济建设和企业技术进步及生产、服务和管理一线重要的技能人才，职业院校也成为区域、行业乃至国家战略实施的技能型人才培养基地。

职业院校要担负起技能人才培养的重任，需要进一步建立和完善校企合作制度，通过产学研结合培养复合型的技能人才。学校要深入企业一线，了解科技发展和企业进步，适应市场人才岗位需求，不断改革教学模式、更新教学内容；紧密结合企业技能需求，通过适当企业培训来把企业生产工程融入教学过程，使生产和教学紧密连接；在校企合作基础上，结合在岗位上的工作实绩，推动“双证书”制度，推进职业院校 1+X 证书制度试点工作。

（三）1+X 证书制度的内涵

自国务院发布的《国家职业教育改革实施方案》（以下简称“职教 20 条”）开始，在职业院校启动“学历证书 + 若干职业技能等级证书”制度试点工作。鼓励职业院校学生在获得学历证书的同时，积极取得多类职业技能等级证书。把学历证书与职业技能等级证书结合起来，探索实施 1+X 证书制度，是“职教 20 条”的重要改革部署，也是重大创新。试点工作将按照高质量发展的要求，坚持以学生为中心，深化复合型技术技能人才培养培训模式和评价模式改革，提高人才培养质量，畅通技能人才成长通道，拓展就业创业本领。

所谓 1+X 证书制度，其中，“1”为学历证书，学历证书全面反映学校教育的人才培养质量；“X”为若干职业技能等级证书，职业技能等级证书是毕业生、社会成员职业技能水平的凭证，反映职业活动和个人职业生涯发展所需要的综合能力。

1+X 证书制度是一种类型教育，因而它的许多制度内容都应当具备类型教育的特征，无论是在具体的教育培养方式还是评价制度上，都应当朝着类型教育的角度完善和拓展。对于职业教育而言，它最大的特征在于能够与社会需求相互结合，同时应当注重校企合作和工学结合，以学生的就业为导向，不断完善复合型技术技能人才的培养模式。正因为它的特征，职业教育除了需要重视学生的学历教育以外，还应当结合市场的实际需求作出灵活的调整，而 1+X 证书制度便是对这一教学目标的合理诠释。基于这一制度下所培育出来的人才，不仅能够高度符合国内职业教育的相关要求，还符合了社会岗位对人才标准的真实需求。在这一制度的影响下，职业院校的培养方式和目标都应当进行适当的改善，重视校企合作与产教融合，使得学生能够在加强基础学识的同时不断提高职业技能，实现多元化的成长。

（四）1+X 证书制度与技能人才培养融合

1. “1”为学历证书：注重学生专业的全面发展

“1”是学历证书，是指学习者在学制系统内实施学历教育的学校或者其他教育机构中完成了学制系统内一定教育阶段学习任务后获得的文凭。目前，各职业院校培养全面人才机制的基本思路包括如下。

（1）培养理念是基本前提

只有现代的、科学的教育理念才能培养出适应建设社会主义现代化国家需要的人才。要引导职业院校摒弃唯考试评价、唯分数论的观念，真正树立起以人才培养为中心、以适应社会需要为检验标准、以学生为本、以学生评价为先的理念。所有的政策设计都应把握这样的导向。

（2）深化教育教学改革是主要手段

人才培养机制是一项系统工程，从选拔录取到培养过程再到社会评价都需要改革，但对职业院校来说主要是培养过程的改革，而其中教育教学改革是核心。具体来说，要在“四个推动”上下功夫。一是推动形成学科专业和人才培养目标动态调整机制，优化学科专业结构和人才培养类型层次结构；二是推动建立教学内容的更新机制，推进课程改革，提高教材质量，促进优质教育资源共享；三是推动教学方法和模式改革，创新教学管理制度，能够向不同的学生提供高质量多样化的教育服务；四是推动教学团队发展机制创新，加强专兼职教师队伍建设，以促进理论与实践的结合。

（3）创新应用型、复合型、技能型人才培养机制是迫切要求

职业院校的人才培养类型是多样的，但随着我国经济转型升级不断推进，地方经济和行业发展对应用型、复合型、技能型人才的需求大量增加，创新多层次的“三型”人才培养机制的任务极为迫切。这就要求职业院校突破传统学术型、基础型的培养模式，改变“三重三轻”的现状，做到“四个更加注重”，即改变重理论轻实践、重知识轻能力、重专业轻人文的现状，在专业设置上更加注重以社会需求为导向，在课程设置上更加注重科学知识、思想品德、人文素养和实践能力的融合，在教学方法上更加注重发挥学生的主体作用，在社会合作上更加注重用人单位的参与，以利培养具有较强岗位适应能力的面向地方、面向企业的复合型技术技能人才。

（4）提升实践能力是重要突破口

人才培养机制，目的是推进素质教育，着力提升学生的社会责任感、创新精神和实践

能力。其中，实践能力培养是目前非常薄弱的环节。要进一步推动职业院校强化实践教学环节，增加实践教学比重，加强学生实习实践基地建设，加强生产劳动、志愿服务、公益活动等社会实践活动，探索建立完善学生实习实践的相关制度。

归纳起来，创新职业院校人才培养机制的基本思路就是：在科学的人才培养理念指引下，通过深化教育教学改革，激发职业院校人才培养的潜力和活力，特别是通过创新应用型、复合型、技能型人才的培养机制，着力突破实践能力这个薄弱环节。

2. “X”为职业技能等级证书：注重学生专业专项技能拓展

职业技能等级标准与各个层次职业教育的专业教学标准相互对接。这种对接是由学历证书与职业技能等级证书的关系决定的。不同等级的职业技能标准，应与不同教育阶段学历职业教育的培养目标和专业核心课程的学习目标相对应，保持培养目标和教学要求的一致性。

“X”证书的培训内容与专业人才培养方案的课程内容相互融合。“X”证书的职业技能培训，不是要独立于专业教学之外再设计一套培养培训体系和课程体系，而是要将其培训内容有机融入学历教育专业人才培养方案。专业课程能涵盖“X”证书职业技能培训内容的，就不再单独另设“X”证书培训；专业课程未涵盖的培训内容，则通过职业技能培训模块加以补充、强化和拓展。

“X”证书培训过程与学历教育专业教学过程统筹组织、同步实施。由于“X”证书培训内容与学历教育的专业课程有机融合，因此，“X”证书培训和专业教学可以统筹安排教学内容、实践场所、组织形式、教学时间、师资队伍，从而实现“X”证书培训与专业教学过程的一体化。

“X”证书的职业技能考核与学历教育专业课程考试统筹安排，同步考试与评价。职业技能等级标准与专业教学标准的对应、“X”证书培训内容与学历教育专业课程的融合、培训过程与专业教学过程的统筹安排，为实现“X”证书职业技能考核与学历教育专业课程考试的统筹安排、同步考试评价奠定了基础。

学历证书与职业技能等级证书体现了学习成果相互转换。获得学历证书的学生在参加相应的职业技能等级证书考试时，可免试部分内容，获得职业技能等级证书的学生，可按规定兑换学历教育的学分，免修相应课程或模块。学历证书与职业技能等级证书的互通互换，为构建国家资历框架奠定了基础。由于在院校内实施职业技能等级证书，包括了在学制系统中的职业院校的职业技能等级证书。因此，职业技能等级需要从教育层次、岗位层级、能力成熟度等多维度来划分。职业技能等级证书最终是要满足企业需求和个体就业需求，有利于用人单位对从业者工作任务完成质量的评价，有利于就业者个体的成长。

（五）1+X证书制度的作用

1. 1+X证书制度有助于提升职业教育人才培养的规格

1+X证书制度表面上看起来是一种毕业证书的制度改革，实质上却是人才培养模式的改革创新。“职教20条”中关于启动该制度试点工作的相关部分，第一句话就是“深化复合型技术技能人才培养培训模式的改革”，揭示了1+X证书制度作为人才培养模式改革措施的本质属性。首先，1+X证书制度与未来职业教育人才培养目标相一致。未来职业教育人才培养目标包括基本要求和特色要求两个方面的内容。1+X证书制度当中的学历证书与人才培养目标的基本要求相一致，职业技能等级证书与人才培养目标中的特色要求相一致。落实1+X证书制度的同时也是一次深入的人才培养模式的改革。其次，1+X证书制度打破了当前职业教育人才培养过程中学历证书与职业技能等级证书之间的壁垒，将二者置于同等重要的位置。职业院校的任课教师必须重新组合当前的课程，调整课程结构，增加与职业技能证书相关的教学内容，将证书贯穿在整个教学过程中。最后，1+X证书制度有助于提升职业教育人才培养的规格。1+X证书制度改变了传统的学习模式，学生具有更多的自主选择权。通过“通用基础内容＋专业基础内容＋可选择内容”的学习方式，能够调动学生的学习兴趣，提高学习质量，培养更多高素质复合型专业技术人才。

2. 1+X证书制度能够推动职业教育改革向纵深发展

1+X证书制度凸显了职业教育作为类型教育的特征，与普通教育有本质的区别。1+X证书制度虽然没有强制要求学生必须取得“X”证书才能毕业，但在一定程度上提高了职业院校学生毕业的门槛。为了贯彻落实1+X证书制度，职业教育与培训体系必须进行制度方面的革新。首先，1+X证书制度要求教育行政部门对证书管理制度进行革新。以往的“1”与“X”证书分属不同政府部门管理的局面已经很难适应1+X证书制度的快速发展，需要建立统一的评价标准体系，实现“1”与“X”证书的对应联系。其次，1+X证书制度的实施需要建立在学分互认的基础上，避免学生为了获取更多的“X”证书而进行重复学习。同时，需要完善试点院校的学分积累与转移制度，建立全国统一的学分银行，帮助学生进行学分的认定与转换，提高教育与培训的效率。将1+X证书制度与学分认定制度相结合，可以帮助职业院校建立更加灵活和多样化的人才培养机制。最后，1+X证书制度有助于职业教育与培训体系的改革不断深入。当前职业教育供给侧存在较为严重的问题，缺乏持续改革的内生动力。实施1+X证书制度之后，职业院校能够及时将职业技能等级证书所要求的新思想、新技术、新工艺和新要求融入教育教学活动中，帮助学生高效地提升自身的职业技能和职业适应能力。

3. 1+X证书制度能够促进校企合作长效机制的形成

深入推进职业教育与培训体系改革，离不开产教融合、校企合作。长期以来，校企合作流于形式，企业缺乏参与校企合作的动力，主要原因是企业在校企合作中处于弱势地位，缺少话语权。1+X 证书制度为校企合作的深化提供了契机，是校企合作的重要载体。“X”证书的开发与评价标准的制定需要企业的大力支持，企业可以提供相关的可行性和必要性的论证推荐意见，还可以通过参与“X”证书的开发过程，充分表达自身的人才需求，在校企合作中发挥主导作用。企业通过参与人才培养的全过程，监督人才需求的落实情况，与职业院校共同负责学生管理工作，提升企业在校企合作中的话语权，帮助企业增加在校企合作中所获得的利益，有效提升企业参与合作办学的积极性和主动性。通过落实1+X 证书制度能够明确学校和企业的责权关系，构建校企之间顺畅沟通的桥梁，经过长期的战略合作，校企之间可以形成合作办学的长效机制。

4. 1+X 证书制度有助于人才供给与需求的无缝衔接

1+X 证书制度的建立，能够通过证书的形式发挥职业导向作用。职业院校很多学生缺乏清晰的职业生涯规划，在学习过程中缺乏清晰的方向和动力，学历证书时刻提醒学生完成学业，提高自身的综合能力和素质；职业技能等级证书为学生指明未来就业的方向，督促学生提前做好职业生涯规划，并为之持续不断地努力。1+X 证书制度不仅具有职业导向的作用，还能充当人才供给侧与需求侧沟通的“桥梁”。“X”证书不仅面向职业院校的在校学生，也面向社会人士。根据相关行业企业的人才需求及时修订“X”证书的考核评价标准，可以用“X”证书标准引导职业院校的人才培养方向以及社会人士的职业发展方向，为行业企业提供更多符合需求的人力资源。

二、1+X 证书制度与技能人才培养融合的逻辑

（一）1+X 证书制度与技能人才培养融合的理论逻辑

融合是围绕某一个共同目标，把两种或者两种以上的不同表现或者要求聚合汇集成一个统一体，是一种“和而不同”式的融合。此处融合性研究是指将人才培养方案与1+X 证书制度进行融合，将原本独立的运行体系融合起来，形成一个新的统一系统，目的是完成复合型技术技能人才培养的任务。

职业教育是以就业为导向的教育，目标是培养复合型技术技能人才。而1+X 就是在学历教育的基础上，通过职业技能等级培训对学历教育进行补充，也就是通过“X”对“1”进行补充和扩展。学历证书和职业技能等级证书不是相互独立的，而是需要融合在一起，这样才能更好地培养复合型技术技能人才。这种衔接融通主要体现在以下几个方面。

1. 共同的培养目标

职业教育目标是培养具有职业综合能力、在各个领域第一线工作的高素质复合型技术技能人才，所培养的人才要适应区域经济发展需要，德智体美劳全面发展。职业教育作为类型教育的一种主要形式，要把培养优秀技能人才作为使命来担当。职业院校学生都在20

岁左右，正是专业能力和操作能力提升的大好时期。职业院校除了按照专业教学标准进行人才培养外，还要适时地根据企业人才需求将技能等级引入人才培养中，让学生获取多个技能等级证书，实现“好就业到就好业”的转变，因此二者具有相同的人才培养目标。

2. 共同的企业需求

当今社会科技不断进步，新旧动能正处在转换之中，企业对技能人才需求也在发生着变化。企业对于人才的需求，不仅需要一定的学历，还需要相应的职业技能等级证书。传统的职业教育往往只注重学历教育，所培养的技能人才与行业、企业需要还有一定差距。而1+X 证书制度就是将企业实际需求与在校学历教育有机融合，通过引入“X”证书将企业需求引入职业教育之中，改变传统意义的职业教育对人才供给的影响，培养出复合型技术技能人才，进一步体现产教融合，职业院校人才培养方案与职业技能等级证书制度融合，能够为职业院校学生提供更多的就业保障。

3. 共同的职业需求

随着产业结构的变化，职业教育不只是完成教育的功能，还要实现职业教育的功能，体现类型教育的特点，德技并修、服务就业，满足新行业、新工种的需求。职业能力的培养目的是更好地促进就业，解决企业需求，解决劳动者就业需求。1+X 证书制度的实施就是实现学生专业素质和职业能力培养的有效途径。由此来看，职业院校进行的职业教育是职业生成教育，与职业培训都具有相同的职业需求，也就是说“1”和“X”都具有共同的职业需求。

4. 共同的职业教育理念

传统意义的人才培养方案是用来指导完成在校学生职业教育的人才培养任务，而1+X 证书制度中的“X”体现职业技能等级培训，是培训评价组织作为主体来完成的，二者具有共同的职业教育培训理念。培训评价组织需要对“X”证书的质量负责，技能等级证书考核标准、培训资源、考核规则和证书颁发都是由培训评价组织负责的。作为职业教育主阵地的职业院校要与培训评价组织紧密沟通，按照技能等级考核标准，不断改进办学条件，加大技能等级证书培训力度，尽力满足行业企业对技能人才的要求，提高人才培养质量。

（二）1+X 证书制度与技能人才培养融合的价值逻辑

1. 1+X 证书制度是彰显职业教育类型特色的一项重要举措

专业与岗位对接、知识与技能融合，是职业教育类型特色的重要体现，也是职业院校学生“术业有专攻”的比较优势所在。从系统论角度看，1+X 证书制度的逻辑起点涉及三个维度，即复合型技术技能人才的市场需求、求学者可持续发展的个体诉求和学校培养培训作用发挥的功能要求。实施1+X 证书制度，“书证衔接和融通是精髓所在”不仅可以倒逼职业院校办学模式与人才培养模式改革的进一步深化，更好实现毕业证书与职业技能等级证书之间的衔接与融通，而且可以加强校企良性互动与有效合作，将技能证书课程融入学历证书课程体系，在办学体制、人才培养模式等方面更好地体现职业教育类型应有的本质特征。

2. 1+X 证书制度是复合型技术技能人才培养的重要体现

随着人类社会的发展进步、经济结构的转型升级和工业化进程的速度加快，特别是以人工智能为代表的新一代信息技术革命的迅猛发展，一大批新技术、新业态、新职业、新岗位、新工种不断问世，技术技能新标准、职业岗位新要求也随之颁布，传统的“一技之长”人才培养要求已经不再符合“一人多岗、一岗多能”的现实需要。面对这些新情况，职业院校只有与时俱进，推出一批复合型新专业、新课程、新技能乃至人才培养新标准，注重专业技能与生活技能的融合培养，才能进一步提升学生面向未来的工作能力、生存能力，为学生高质量就业奠定基础。

3. 1+X 证书制度是深化产教融合、校企合作的重要途径

作为有别于普通教育的职业教育，其类型教育的特征体现在知识与技能学习的即时性，即及时顺应社会发展变化，对接行业、产业对技能人才的需求，与用人单位实现零距离衔接。从协同论角度看，1+X 证书制度创新了以需求为导向的校企合作运作机制，使学校与企业的合作关系变得更加密切，体现了“产教融合、校企合作、工学结合、知行合一”独立存在、互相依存、融合发展的耦合关系，使人才需求“供给侧”培养的杠杆作用更加凸显，将有效促进职业教育合作办学体系建设，积极推动职业教育办学模式、人才培养模式变革，改进知识与技能学习方式及学习成果评价模式。

（三）1+X 证书制度与技能人才培养融合的政策逻辑

《中华人民共和国职业分类大典》将我国职业归为8个大类1838个职业。与其相对应，全国职业院校设置专业近千个，专业点近十万个。从时间维度看，如此多专业与专业点，短时间内很难将1+X 证书制度试点全部覆盖。从能力维度看，不是所有的职业院校都具有承接、完成试点任务的能力，办学能力不强、资源不足，是制约1+X 证书试点的现实问题。因此，需要自上而下建立国家、地方、学校三级试点实施体系。从纵向来看，构建三级实施体系，可以调动和发挥地方、职业院校主动参与1+X 证书制度试点的积极性。要鼓励那些未获得国家试点任务的职业院校，或者已经获批试点任务的职业院校选择国家尚未启动试点的专业，与业内、社会认可的行业或企业签订1+X 证书试点协议，进行本土化试点，形成自下而上的梯次结构体系，最终为承接国家试点任务做好储备、奠定基础。各职业院校可结合多年来实施证书制度的经验，通过1+X 证书试点，积极探索课证融通，将专业理论教学与技能实践结合，提升专业群内涵建设，为学生高水平就业创造更多的机会。从横向来看，技能等级证书是若干类、若干个证书的组合。学生在获取“X”证书时，既可以获得与专业

门类匹配的专业技术证书，也可以获得跨专业门类的专业技术证书。

构建 1+X 证书制度的三级实施体系，离不开国家职教政策支持。《关于在院校实施“学历证书 + 若干职业技能等级证书”制度试点方案》（以下简称试点方案）为 1+X 证书制度试点探索与实践指明了具体方向。

第一，培训评价组织作为职业技能等级证书及标准的建设主体，对标准质量、声誉负总责，主要职责包括标准开发、教材和学习资源开发、考核站点建设、考核颁证等，并协助试点院校实施证书培训。教育部将根据“放管服”改革要求，面向实施职业技能水平评价相关工作的社会评价组织，以社会化机制公开招募并择优遴选参与试点。

第二，院校是 1+X 证书制度试点的实施主体。试点院校要准进“1”和“X”的有机衔接，进一步发挥好学历证书作用，夯实学生可持续发展基础，积极发挥职业技能等级证书在促进院校人才培养、实施职业技能水平评价等方面的优势，将证书培训内容有机融入专业人才培养方案，优化课程设置和教学内容，对专业课程未涵盖的内容或需要强化的实训，组织开展专门培训。鼓励试点院校学历教育与职业培训并举，在面向本校学生开展培训的同时，积极为社会成员提供培训服务，考核站点一般设在符合条件的试点院校。

第三，教育部将结合实施 1+X 证书制度试点，探索建设职业教育国家“学分银行”，对学历证书和职业技能等级证书所体现的学习成果进行认证、积累与转换，促进书证融通，探索构建国家资历框架。

第四，试点方案强调，要建立职业技能等级证书和培训评价组织监督、管理与服务机制，建设培训评价组织遴选专家库和招募遴选管理办法，定期开展“双随机、一公开”的抽查和监督。培训评价组织的行为同时接受学校、社会、学生、家长等的监督评价。教育行政部门、院校要建立健全进入院校内的各类证书的质量保障体系，杜绝乱培训、滥发证，保障学生权益。

第五，试点方案明确，教育部负责做好 1+X 证书制度试点工作的整体规划、部署和宏观指导，对院校职业技能等级证书的实施工作负监督管理职责。产教融合实训基地和产教融合型企业要积极参与实施培训。中央财政将建立奖补机制，引导各地通过政府购买服务等方式支持开展职业技能等级证书培训和考核工作。

（四）1+X 证书制度与技能人才培养融合的课程逻辑

1. 坚持问题导向，确立课程体系建设的基本思路

职业院校必须充分认识到一流的课程体系是高水平职业教育的基本特征与重要基础，构建一流的课程体系是适应新时代、新经济、新形势，以更好地服务经济社会发展及国家战略、解决职业教育发展突出问题的现实需要。1+X 证书制度直面当前职业教育领域的若干现实问题，以其所内蕴的特征和导向，旨在促进新时代职业教育生态重构。首先，职业

院校要以中国特色高水平职业院校建设为引领，借鉴国际先进职业教育办学模式和课程体系建设经验，打造具有国际视野、前沿内容的课程体系，着力提升自身办学能力和水平，切实提高课程体系的多元化“发展性”。其次，职业院校要以办学定位为宗旨，基于社会和市场对职业教育毕业生核心素养的要求，精准对接产业链、创新链，瞄准区域内战略性产业、重点行业，突出就业创业能力、分析解决问题能力、职业发展能力、社会适应能力等方面素质的培养，切实提高课程体系的多维度“服务性”。再次，职业院校要以自身为主体，积极开展课程体系重构，打破专业壁垒，使知识和实践接近于现实世界，将专业领域的学习落实到真实情境中，促进课程体系优化与学生发展、院校发展及社会发展良性互动，切实提高课程体系的多层次“统整性”。最后，职业院校要突破现有僵化的课程体系，将其由刚性向柔性转变、由矩阵状向网络状转变，打造类型多样、要素完整、功能齐备、生动多彩的职业教育课程体系，设置更为弹性的学习方案和灵活的学习方式，切实提高课程体系的“丰富性”。

2. 坚持融合互通，调整课程体系建设的总体框架

从我国职业教育发展历程看，大致经历了面向职场实践、偏离职场实践和回归职场实践三个阶段。这种回归的本质就是要面向职场构建满足行业企业需求的课程体系，这与 1+X 证书制度“书证融通”的内涵要求是一致的，这亦为课程体系建设规定了主体方向和要求。首先，以职业要求、行业发展、经济社会发展为依据，打破“普教化”人才培养体系和“单一化”人才培养方式，构建与职业院校办学定位、人才培养目标相符合的多类型、多层次的人才培养体系，促进职业教育体系功能多样化。其次，以能力培养作为新职业教育课程体系的建构逻辑和组建方式，将人才培养目标逐层分解，注重通识教育模块与专业教育模块之间、理论课程与实践课程之间的相互衔接和融合。强化合作共建课程模块，按照技能等级要求对学历教育课程和职业技能等级证书课程进行融合互嵌，形成完整的专业课程体系。同时，将发展能力培养贯穿于整个课程体系，增加方法论课程，着力增强学生的团队协作能力、动态适应能力、解决复杂问题的能力、创新创业能力、职场胜任力等。

3. 坚持特色发展，夯实课程体系建设的核心内容

新职业教育课程体系设计要将“职业化”贯穿始终，1+X 证书制度的落实要通过“1”与“X”的有机衔接来实现，它们的具体载体都是课程。为此，体系内所有课程的目标、内容、组织等都要围绕服务学生职业生涯发展、适应产业发展来进行融通性、特色化设计。首先，要注重课程交融性和综合化。根据产业发展变化及课程目标的需要，对有关“1”与“X”的教学内容予以渗透、更新、融合，并优化重组为新课程。其次，要注重课程的应用性和项目化。细致考虑院校内部、院校外部、社会环境等多方力量对课程建设的综合影响，充分理解行业企业对人才培养的具体要求，尤其是差异化、特色化要求，将课程建设置于行业企业真实生产情境之下，让学生“真刀真枪”地解决真实问题。为此，对实践性强的课程，可以按

照新工科的思路，构建知识能力矩阵，以项目为基础、以解决实际问题为导向、以“领域—任务—能力”为主线开展课程设计。最后，要注重课程的发展性和动态化。课程要能够应对快速变化的发展环境并适应不同的学习情境，要注意课程间的横向衔接、纵向连通，可以使需求多元的学习者“在正式教育情境和非正式教育情境、普通教育和职业教育与培训之间自由切换”，这对于保障学习者顺利接受各类各级教育培训、实现终身学习、支持终身职业发展至关重要。

4. 坚持多元协同，凸显课程体系建设的价值功能

1+X 证书制度是提高人才培养质量的重要举措，也对我国职业教育课程体系建设提出了明确的要求，要具有高起点、高标准、高品质，要能培养高质量的复合型技术技能人才，高质量服务经济社会发展。首先，要面向快速变化的产业结构和经济形态推进多元协同育人，深化产教融合、校企合作、工学结合，创新办学模式和人才培养模式，有针对性地加大与行业企业的合作，校企合作共同研制职业技能等级证书及其等级标准，共同打造既满足产业现实需要又符合未来发展预期的人才培养课程体系，全面促进学历证书和职业技能等级证书的有机融合。其次，要面向高质量发展和高品质学习构建新职业教育质量观，促进学生个性发展与全面发展相统一，调和合格性评价与等级性评价间的矛盾，推动职业教育评价走向发展性评价。要转变评价模式，增强评价主体的专业性，激活行业企业、第三方评价机构等参与评价的活力；要从过多关注职业院校办学规模向重视职业院校的贡献率和收益率转变，强调职业教育与经济社会发展的耦合性和嵌入性。最后，职业院校要切实转变发展思路，要主动推进人才培养供给侧结构性改革，围绕高水平办学、高品质合作、高质量就业寻求多元办学力量的支持，形成职业教育命运共同体，全面提升人才培养质量。

5. 坚持改革驱动，完善课程体系建设的支持保障

1+X 证书制度的推行为课程体系建设提供了制度保障。首先，要抓住标准建设，优化相关制度设计。在“以质量为核心、以标准为抓手”的职业教育发展新阶段，建立健全科学合理具体化的职业教育标准体系，据此构建新职业教育课程体系，并指导、规范、推动教学实践活动的发展，形成人才培养与社会需求间的良性循环。其次，要抓住“立交桥”建设完善资历框架制度体系。借助于 1+X 证书制度试点工作，将终身教育体系建设从规划层面推向落地实施，搭建统一的国家资历框架及学习成果认证体系，全面开通学分累积与转换系统，畅通各级各类人才成长发展通道。最后，推进国家治理体系和治理能力现代化建设，加快破除职业教育发展的行政性、政策性壁垒，形成多元主体共建共治共享的职业教育新治理格局。

第三节　1+X 证书制度与职业院校技能人才培养融合的路径

一、学校层面：1+X 证书制度的顶层设计

（一）顶层解读 1+X 证书制度

《国家职业教育改革实施方案》从体系、制度、政策、基地、质量、企业参与度等方面进行了顶层设计。国家为实施 1+X 证书制度出台了《职业学校校企合作促进办法》，对职业院校开展校企合作工作设定了标准。政府专门组建了国家职业教育指导咨询委员会。1+X 证书制度预示着学历证书和技能等级证书融通，从而实现职普融通的目标。1+X 证书制度的出台，充分体现了国家对职业教育高度重视，从而全面实现职业教育现代化和高质量发展。1+X 证书制度要求职业院校实现多元化办学机制、多渠道招生，针对多样化生源开展教学工作。1+X 证书制度顶层设计，将会促进职业教育去普教化、技能化，创新职业院校育训结合人才培养模式，将引发职业院校课堂教学革命。

职业院校应根据 1+X 证书实施工作进展和遇到的实际问题，适时开展相关主题内容的系统学习、师生培训、外出学习等工作，确保 1+X 证书实施工作质量、工作效率，取得预期成效。认真学习并深刻理解"职教 20 条"、教育部双高建设计划和"X"证书标准等文件的内涵要求。这些文件中的相关条款及其之间的内在逻辑关系要深刻理解，新理念、新要求的内涵要理解准确、透彻。组织学校相关领导、教师参加相关培训和研讨，以及到参与"X"证书及标准制定的职业院校进行交流学习，从不同角度，不同层面深刻、完整理解"职教 20 条"及其在"X"证书制度中的体现、内涵，以及实施的具体方法、措施等。

（二）1+X 证书制度的宣传

职业院校应对在校学生、社会和企业进行广泛宣传，对相关学生和社会潜在学习者进行引导性培训，培训内容包括思想意识转变、"X"证书的内涵理解与实施意义等，提高在校学生和潜在学习者的求知欲望和参加"X"证书学习、培训的积极性，为培养更多高素质创新型、复合型技术技能人才作出职业院校应有的贡献。

（三）1+X 配套制度的改革

以学分累积为主要特征的“学分银行”，是以需求为导向的一种新型学分与学制形态，呈现了现代职业教育生态化发展的新趋势。这一制度的建立，从形式上看，有利于促进 1+X 证书制度的试点推进，影响着微辅修专业设置、学分制改革、微学分课程开发、多学期制度建立、学习模式创新、移动学校构建等诸多方面的改革。从内涵上看，体现了满足技术技能更新速度加快、学生碎片化学习特征、传统教学模式变革等所带来的诸多需求，突破了原有的专业模式与学习时段的限制，拓展了学生自主学习的时空与方式，促进了技术技能培训与专业学历教育的有机结合，同时，也为国家资历框架的构建积累了实践经验。

学分银行制度在实施过程中，需系统化进行顶层设计，包括：将专业知识与技能分解后组成新的学分累积结构，形成微专业、微课程、微课堂、微学分这一新的教学系统；基于专业知识与技能学习进度而配套实施技能等级证书学分课程，满足不同层级知识与技能进阶学习的需要；技能课程进入专业课程后，对一些课程学分和学制学分进行重组，凸显新技术、新知识、新规则等内涵；将寒暑假设为学期，安排学业学习与技能培训课程，学生参加“X”证书技术技能培训或到企业实习实践后获得的累积学分，存入自己的“学分银行”。另外，院校之间的学分互认，不同时期学习内容与技能水平的质量认证，也需要以共享的思维进行制度设计。

1+X 证书体系下的学分银行与学分制之间应该建立起通畅的衔接与协同关系。学分银行的特点是累积制、终身化，着眼于面向未来的终身教育，拓展了学习时空，而现有的学分制则受在规定时段内完成学业的传统人才培养模式以及“毕业证书”职业准入门槛的限制。两者之间的不对应、不衔接所产生的不平衡性，不利于学分银行制度的推进。此外，现有学分制所设计的基于整门课程修完后而获得的学分与绩点，也不利于项目教学、工学交替、1+X 证书技能培训等新型教学模式的实施，不利于学生个性化学习的需求，更不利于新知识、新技能在教学实施中及时补充与更新，亟须将学分“化整为零”，创新“微学分”制度设计。

（四）在 1+X 证书制度下教师队伍的建设

1+X 证书制度的实施主体是职业院校，实施主力则是从事专业教学的一线教师，他们是职业类型教育有效推进的关键。1+X 证书制度的实施，对职业院校教师无论是“1”的素养还是“X”能力都提出了新的标准和要求。要进一步提升教师的专业化水准，改变在传统教育模式培养中所形成的素质与能力结构，进一步增强职业与职场意识，提高解决实际问题与开展应用研发的能力。加强“类型教师”队伍的建设，通过教师到企业开展“X”定制研修、聘用企业兼职教师、整合职业院校内部教师资源等多种途径，解决实施 1+X 证书制度师资不足、能力不强的问题。

要对职业院校教师的岗位任职标准与时俱进地进行更新。现有教师资格证书的学习内容、考核标准主要是对教师的一般性要求，缺少对职业类型教育教师的特殊要求。因此，1+X 证书制度试点专业启动后，应配套制订专业教师岗位标准，将教师“X”技术技能水平列入聘期考核要求，实施复合型教师培养培训计划，激励教师真刀真枪地在生产、工作一线实训中，在专业技术技能内涵体悟中，在专业知识与技术技能课程整合与开发中，真正理解 1+X 证书制度的内涵，从根本上解决教师缺乏企业工作经历、“X”技术技能水准不高等问题。

二、院系层面：1+X 证书制度的试点布局

（一）选择有关职业技能等级证书，确定参与试点的专业

着力在培养方案与教学计划修订、人员选拔、定制考培方案方面下功夫，健全与完善培训与选拔工作机制，提升 1+X 证书培训成效。

（二）统筹专业（群）资源，深入研究职业技能等级标准与有关专业教学标准

推进“1”和“X”的有机衔接，将证书培训内容及要求有机融入专业人才培养方案，优化课程设置和教学内容，加强专业教学团队建设，选派教师参加有关培训。进一步健全师资培育机制，通过岗位练兵、积极送培，技能竞赛，开展社会实践活动等措施，为教师搭建成才的平台。

（三）积极开展培训，提升学生实践操作能力

根据在校学生取证需要，对专业课程未涵盖的内容或者需要特别强化的实训内容，在社会培训评价组织支持下，组织开展专业能力培训或实践操作培训，同时可面向社会成员开展证书培训。

（四）争取申报考核站点，开展证书鉴定考核

符合条件的院系按程序申请设立为考核站点，配合培训评价组织实施证书考核。建立健全多元化培养模式，为社会全力打造复合型技术技能人才，提升服务地方经济发展能力。

三、专业层面：1+X 证书制度的实施设计

（一）优化人才培养方案

专业（群）负责人要根据职业技能等级标准和教育部专业教学标准要求，结合区域行业企业实际需求，将证书培训内容适度融入专业人才培养方案和课程体系中，优化课程设置和教学内容，统筹教学组织与教学实施，深化教学方式方法改革，组织编写新型活页式、工

作手册式校本教材，提高教材的适用性和专业人才培养的灵活性、针对性和有效性。可以通过培训、评价使学生获得职业技能等级证书，也可探索将相关专业课程考试与职业技能等级考核统筹安排，同步考试（评价）。相同或置换课程以职业技能等级考试为准，其考试成绩同时作为学历证书中的课程成绩，以减轻学生的学习负担。

（二）优化人才培养过程

专业（群）负责人应系统分析国家资历框架中相应学习成果等级标准的内涵要求，依据其规定的知识、技能、能力要求，优化和完善专业课程体系、课程内容、考核评价方法等，确保学生毕业时获得的专业学习成果满足国家资历框架标准要求，确保多数学生毕业时获得对应等级或高一级的“X”证书，切实提高专业人才培养水平和含金量。同时，将学生获得的学分在国家学分银行中进行注册存储，为学生在毕业后的职业发展、终身学习等进行技术技能积累、转换，满足学生职业发展需求。

（三）提升教师 1+X 证书培训能力

专业推进 1+X 证书制度试点，需要复合型专业教师拥有多种能力，包括：具备驾驭 1+X 证书的专业教学能力，不仅能够考取“X”证书，而且还具有能够运用技术标准、规则指导学生作出产品、方案的策划能力、实操能力；将“X”中的技术知识和技术标准、实操规范整合到“1”中重组课程的能力，开发和制订新课程标准或专业人才培养新方案的能力；具有较多的企业人脉资源和较强的沟通能力，与企业合作开发课程资源的意识与资源整合的能力。与此同时，要积极打造多元组合双师团队和多师素质结构团队，加强混编双师素质结构教学团队建设，推进校企教师优化组合。

四、教师层面：1+X 证书制度的课程教学改革

按照专业标准开发技术路线，由职业能力到课程设置、再到课程内容，旨在将真实的工作现场转换成教学现场（虚拟的工作现场）。真实岗位工作内容不能生搬到教室，而要通过对真实岗位工作任务进行分析，将需要掌握的职业能力转化为具备教学性的目标能力，并且还应根据职业能力要求，对所需的知识、能力与素养进行整合，使其成为符合职业教育和学生学习规律的课程内容。为此，教师应编写更为实用的，承载与教学目标相一致的教学内容教材，并依据课程内容，重视整合教材以外的多样化教学资源。

第四节 1+X 证书制度与职业院校技能人才培养融合的措施

一、1+X 证书制度与职业院校人才培养体系的融合性分析

在对职业院校人才培养质量提出更高要求的同时，我国制定了 1+X 证书制度。同时，基于职业教育的选择性需求，促使中国经济模式不断升级与转型。而新的社会发展形势，势必会对技能人才提出新的标准。传统的分配式就业形势在一定程度上影响职业结合的变化。同时，信息技术的高速发展，智能替代人工展现出明显的趋势，导致职业逐渐显现交叉融合的现象，一方面，操作性与专业性职业进行结合。操作性职业对相关的专业知识、技能等的要求变得越来越高，促使专业性职业相互融合，由此导致职业结构趋于扁平化。另一方面，操作性职业间相互交叉。目前相当多的技能操作型的工种被智能设备取代，致使技术人员可进入的工作范畴被拓展。许多传统职业都被整合成一个职业，具有一定关联性的职业边界不再那么明显。从以上所论述的内容中可明显感受到技术技能型人才逐渐呈现复合化的趋势，在此形势下，职业院校如何结合自身的办学特征，培养出符合社会需求的人才，已成为信息化时代职业院校构建更加科学的人才培养体系所要解决的问题。基于此，对 1+X 证书制度应用的可能性及与人才培养体系的融合性需进行全面、深入的探析。

（一）1+X 证书制度制定的关键意义在于培养高素质技能人才

新的时代背景下，各个领域基于智能化技术、智能设备的引进与应用，促使相关工种的工作人员职业能力需有效完善。同时，在前沿技术的作用下，职业边界逐渐模糊。市场对复合型技能人才需求量大幅上升。在不断扩大职业教育的选择空间的同时，对职业院校人才培养质量提出更高的要求。职业院校若想有效适应这种趋势，必须具备相应的人才培养制度为支撑。在此需求下，1+X 证书制度应运而生。甚至可以说，该项制度的制定就是为了满足当下社会对复合型技能人才的需求。相较而言，职业院校主要是依托既往职业结构模式的人才培养方式。基本上职业教育都是以就业为导向构建相应的人才培养体系，并以精准的职业定位为切入点，具体落实相应的人才培养计划。复合型人才的培养，需对职业院校的选择空间进行拓展。同时，在具体开展教学活动的过程中，应扩大原有学历职业

教育的范围。在这个过程中 1+X 证书制度具备较大的优势与独特的功能，使学生在参与职业教育的过程中，可基于现有的学历教育进行更多的选择。例如，学生除确保顺利完成本身的学业外，还可获取更多的技能等级证书，为他们的就业、职业选择提供更多的可能性。能结合自身的专业技能、职业发展规划等，对个人的学历进行提升与丰富，并做出更灵活的选择。

（二）1+X 证书制度为完善职业院校人才培养体系提供依据

职业院校在实际开展教学活动的过程中，若想真正培养出符合社会需求的复合型技术技能人才，则势必在意识形态上做出改变。即针对目前社会的发展形势及用人单位的需求等，构建一个科学的人才培养体系。而在这个过程中，不仅要保证学生的专业技能、职业素养获得很好的提升，而且在等级证书上需进行全方位的考量。教育工作者对 1+X 证书制度进行深入研究，并与人才培养体系融合。具体来说，职业技能等级证书是体现学习者专业水平的凭证，在一定程度上展现出个体职业综合能力。职业等级证书主要证明了学生在完成规定的学习任务后的职业技能水平。1+X 证书制度中，X 的课程内容使学生具备更广阔、灵活的选择空间。即他们可突破现有的专业课程的界限进行跨越性选择，也可针对学习的专业进行更加深入的研究与探索。基于 1+X 证书制度，学生可在横向与纵向不同的维度，选择想学习的专业。在完成相应的职业知识与技能的学习任务后，获得相应的职业等级证书。由此可看出，职业院校在创建更加完善的人才培养体系的过程中，通过科学融入 1+X 证书制度，使复合型技术技能人才的培养更具有可行性与可操作性。

1+X 证书制度为完善职业院校人才培养体系提供了具有参考价值的依据，同时，职业院校在对学生展开职业教育的过程中，可将上一级学历教育的部分内容以新的形式下移给学生。例如，学校可结合自身开设的专业课程，以技能等级证书的方式使学生在学历与技能上获得更好的提升。从学生长远的发展角度出发，他们在学习专业知识、技能的过程中，基于1+X证书制度可具有更多的选择性。这样，学生可结合自身的兴趣更好地规划职业生涯，促使职业院校的办学质量大幅提高，并逐渐形成更具特色的人才培养体系。使受教者不仅具有厚实的理论基础，而且具备多种专业技能。除此之外，基于 1+X 证书制度，还可针对新兴起的行业，或者新的技能证书进行法治化的认定，使其含金量更大。同时，将其归纳到现有的学历教育中。这样，既可确保职业教育的多元化，真正做到与时俱进，不断对职业教育范围进行有效拓展，又可极大丰富职业院校的专业课程教学体系，最终培养出跨行业、跨等级、紧跟产业发展的复合型技术技能人才。

（三）1+X 证书制度丰富了职业院校人才培养的学制形态

职业院校开设了不同领域、不同专业的课程，是面向各行各业展开人才培养计划的。在整个教学活动过程中，不仅需解决学生个性化发展问题，还须全程关注各个领域专业知识与技术的更新情况。在这一过程中，职业的复杂性对专业课程、教学设计、教学周期等都提出更多维的需求。特别是在专业学习年限的设定上，须针对不同专业的特征及企业对技能水平的需求等科学地规划。例如，部分专业仅学习一年即可，有的专业须深入研究2到4年不等，甚至更长的学习周期。但是，目前在我国教育领域中，针对职业院校的人才培养展现出的明显问题，就是固有学制裁减现象，为职业教育的发展带来一定的局限。同时，职业院校不仅需面对校内学生复杂的管理问题，还须最大限度地满足市场的需求，如此才可切实发挥职业教育的优势与作用，推进整个教育改革进程。而复合型技术技能人才的培养对学制的多样化产生了新的要求。即，在具体开展人才培养计划的过程中，既要在不同层次的职业教育间进行多元化的融合，进一步丰富构建形式，同时，职业院校只有创建更加灵活、多样化的学制形态，才能满足不同学生对专业学习的特殊需求。基于1+X 证书制度，职业院校可开创一个中间形态的学制，譬如四年制、五年制等。通过将学分互认制度与1+X 证书制度有机融合，可在一定程度上增强职业院校学制的弹性度。更重要的是，1+X 证书制度极大丰富了职业教育人才培养的学制形态。职业院校可结合自身的办学情况与发展趋势等，根据不同专业的实际需求，灵活调整教学期限。多样化的学制形态不仅能够最大限度地满足学生的个性化需求，而且还能够培养出符合社会需求的复合型技术技能人才。

二、1+X 证书制度与职业院校人才培养方案的融合性分析

（一）人才培养方案制订原则

人才培养方案的制订与实施必须坚持如下原则。

一是坚持育人为本，促进全面发展。坚持立德树人，将思政教育融入教学过程中，大力弘扬社会主义核心价值观。将工匠精神、专业精神和职业素养纳入人才培养方案中，既重视理论知识的传授，又注重职业能力的培养，强化学生职业素养养成和专业技术积累。

二是坚持标准引领，确保科学规范。按照国家教学标准的要求，将党和国家对课程设置、教学内容的要求落到实处，进一步增强人才培养方案的可行性、适应性与科学性。

三是遵循职教规律，体现职教特色。遵循学生成长规律和技能人才培养规律，按照学历证书与职业技能培训证书要求，合理设置公共基础课程和专业课程，设计好理论教学与实践教学活动。

四是不断完善与持续改进。根据社会需求、区域经济发展情况以及企业对人才的需求，对人才培养方案进行动态调整，大力提倡教师参与人才培养改革，完善由行业企业和第三方参与的人才培养评价机制，不断提升人才培养质量。

（二）基于1+X证书制度的人才培养方案的制订

专业人才培养方案是人才培养的纲领性文件，主要包括人才培养目标、人才培养模式、人才培养的软硬件条件、人才培养质量考核办法等。具体细节在教育部发布的《关于职业院校专业人才培养方案制订与实施工作的指导意见》中都有明确规定。1+X 证书制度要融入专业人才培养中，也就是说人才培养方案要适时调整。学校可根据区域经济社会发展需求、行业企业对技能人才需求，以及 X 证书的要求，适时对人才培养方案进行修改与完善。

1. 人才培养标准的确立——职业技能等级标准与教学标准并轨

职业技能等级标准和专业教学标准都是具有普适性的，可以将二者融合形成人才培养标准。由于职业教育多数都是服务于地方区域经济发展的需要，因此在制订人才培养方案时，要根据当地经济发展需要，结合职业技能等级标准和专业教学标准，制定适合区域经济发展需要，既具有针对性又具有一般性的人才培养标准。只有这样，才能让人才培养标准发挥其实质作用，培养出高质量的技能人才。

职业技能等级标准是根据职业岗位要求开发出来的，是企业所需人才要求的具体体现，而专业教学标准是根据人才培养的一般要求而体现出教学所需的。因此人才培养标准要在职业技能等级标准的基础上实现其教学操作的转变，形成职业岗位与专业教学的对接，形成可操作的人才培养方案。在人才培养标准的制定过程中，还要考虑到学生的实际情况，特别是职业教育扩招100万之后，更要考虑人才培养的针对性。

2. 专业课程的设计——学历教育课程与证书培训内容的融合

（1）X 证书课程设置应遵循职业教育人才培养规律

X 证书课程侧重于企业培训，主要内容来源于企业，而职业院校培养的是具有技术技能的复合型人才，每个学校都有其特殊情况。因此学校要根据职业技能等级标准和人才培养规律，进行相应课程模块的开发。在课程模块设置之前，首先要对专业大类进行分类，其次根据不同大类开发课程模块，最后通过不同模块的组合形成不同专业的课程单元。

遵循技能人才成长规律，开发以工作过程知识为主体的教学内容。首先，企业师傅与技术人员对各岗位的工作过程进行分析，将岗位工作任务进行划分，使其明细化。其次，校内专任指导教师与师傅一起根据各岗位具体工作任务，分析要用什么样知识才能满足完成岗位任务要求，形成各岗位工作任务相关知识要点，即在岗位任务基础上进行知识构建。一般来说，具体岗位任务所需的知识结构可以分为必须掌握的知识、一般性知识与了解性知识。

课程模块的开发也遵循一般规律，即通过岗位调研，确定职业能力，确立课程体系，进行课程内容开发，同时确定教学实施流程。针对不同的职业能力，设计不同的教学模块，通过课程模块的实施来提升职业能力。不同的课程可以由不同的课程模块组合而成，但是课程模块一定要与地方企业需求对应，课程体系要有区域特色和学校特色。

（2）X 证书课程内容应作教学化处理

由于 X 课程内容来源于企业真实工作内容，因此一般情况下这些内容不能直接作为教学内容而进行教学，需要进行教学化处理，也就是将真实工作现场转换为教学现场，通过分析真实现场所需要的职业能力来确定教学内容。专业专任教师与企业带徒师傅一起进行岗位工作内容分析，通过对真实岗位工作任务进行分析，根据职业能力要求，对所需的知识、能力与素养进行整合，使其成为符合职业教育和学生学习规律的课程内容。根据岗位需要明确岗位技能，将岗位需要与普适性知识相融合，根据每一个岗位技能内容，开发以工作过程知识为主体的符合教育教学规律的实践教学内容。

校内实践教学模块内容与企业需求实践紧密衔接，同时将行业规范、职业道德等内容引入实践教学模块内容中，强化职业素养培养。

（3）X 证书课程与人才培养课程衔接

对于专业开设的课程，特别是那些与 X 证书相关的课程，课程模块内容要与 X 证书要求的内容衔接起来，避免课程重复设置。在人才培养方案制订中，专业核心课程是人才培养方案课程体系中的重要组成部分，一般由6门组成，这是在职业院校专业课程体系中必须体现的。核心课程能够体现出专业的普适性，也能与 X 证书课程相吻合。可根据区域行业企业需求，将部分专业核心课程进行合并调整。

对于在人才培养方案核心课程中没有 X 证书课程的情况，可通过拓展课程来体现。针对不同岗位证书（多种职业技能等级标准），在课程体系中划分不同的拓展课程，以适应不同的证书要求。不过需要注意的是，所有拓展课程既要与 X 证书课程对应，也要与区域行业企业需求相吻合。对于区域经济发展急需的知识，即使在技能等级标准中没有，也需要加到人才培养课程体系中。

3. 教学组织与实施——专业教育与证书培训的有机衔接

教学的组织与实施也要进行改革。学校的专业教育与证书的培训教育二者本来是两个独立的学习阶段，如今要合成为一个有机的学习阶段，必须做好时间的分配、师资的调配以及学习形式与场地的迁移等工作。职业院校基本上采用5+1学期模式，也就是前5个学期学生在校内完成教学内容，完成所在专业的技能鉴定考核任务，基本上没有时间参加其他职业技能等级考核，最后1个学期学生在企业参与顶岗实习。为更好地实施1+X 证书制度，学校机电一体化技术专业学生在第四学期完成中级工鉴定，部分学生在第五学期可以完成高级工鉴定，也可以根据 X 证书的要求，选择不同的拓展课程，或参加社会组织的 X 证书培训课程，获取对应的职业技能等级证书（X 证书）。

作为国家考核标准，X 证书的考核内容包括所考核职业所需要的应知（基本理论知识）和应会（动手操作）内容，是一套完整的知识与技能体系。为保证学历证书与 X 证书的质量，职业院校需要与 X 证书评价组织进行协作，让校内的平日考核、期中（末）考核与 X 证书的综合考核、操作考核等项目结合在一起，实现“以证代考”或“证考融合”，实现人才培养考核结果与 X 证书考核结果互认。为保证 X 证书的含金量，防止有的培训评价组织、学校故意“放水”，可以规定每次“X 证书”考核的通过率或者实行成绩靠后的学生重学重考制度，至于多少学生需要进行重考，这个比例可以由 X 证书培训组织与学校一起核定报上级监管部门备案，这样可以促进学生间公平竞争，逐年提高培养培训质量。

第五章 1+X 证书制度下职业院校人才培养模式优化

第一节 1+X 证书制度下“双师型”教师适应性提升对策

“双师型”教师是保障1+X证书制度顺利推进的主力军，提升“双师型”教师在1+X证书制定下的适应性既是政策顺利推进的必然要求，也是教师专业成长的必然途径。在1-X证书制度执行过程中，合格的执行人员必须具备较强的岗位责任意识、较高的政策理解水平、积极的执行意向和工作态度、合理的知识结构和较强的实践能力。然而，“双师型”教师在政策理念认知、情绪态度、专业能力水平、相关硬件设施与物质资源的环境保障等方面还面临着诸多问题，还需要多方力量协同发力寻求破解路径。为有效提升“双师型”教师与1+X证书制度相关要求的适应性，保障1+X证书制度的有效落实，从教师个人层面、学校层面、政府层面、社会层面提出以下对策。

一、教师延拓意识强化行动，提高自身胜任力

（一）转角色树理念，促进个人专业发展

教师是实现1+X证书制度下人才培养向复合型创新型高质量技能人才转向的关键，只有教师完成了教学理念与育人角色的转换，才能发自内心地认同1+X证书制度内在的价值，主动思考1+X证书制度下的教育教学问题，为教师更好地适应政策对教学带来的挑战与冲

击提供专业发展的内驱力。

一方面，教师需要发挥主动求变的精神，促进自身的角色转变。教师应主动思考1+X证书制度下的教师角色要求，实现从传授者到引领者、从单一技能者到复合技能者、从关注课堂到关注情境的全方位转变。社会认知理论揭示了教师个体的主观意识对于教师行为结果的影响，教师在1+X证书制度变革的主观意识和采取相应育人理念和教学模式转变的能动性，对于教师形成适应1+X证书制度的相应理念与能力具有重要意义。教师的主体意识是驱动教师主动学习，帮助适应政策要求，促进先进育人理念的涵养，使教师产生强烈自我效能感的重要引擎。为此，教师必须以主动求变的心态，积极学习与思考1+X证书制度的内涵要义，正确认识1+X证书的育人理念、政策要求、相关资讯及实施策略，努力成为1+X证书制度落实的促进者、创新者和引领者，融入职业教育改革的时代洪流中，而不是被动等待教育部门或者学校的安排。1+X证书制度的核心要旨传达的是一种先进的改革思想和育人理念，其目的在于实现学生创新能力、复合能力与可持续能力的发展，这种改革是不断深入的，对于改革不能故步自封，更不能消极逃避，而应以积极的态度、开放的心态迎接新的事物，主动学习新的理念，开阔自己的视野，敢于探索，善于创新。

另一方面，教师应树立反思求变的理念与意识，在日常教学活动和师生交往、同事交流中不断反思自我，并且寻求自身的专业发展。教师理念认知的发展离不开与学生、同事等“专业伙伴”的合作与互动。在互动的过程中，教师原有的理念认知才可能遭受“扰动”而引发认知冲突和认知失衡，教师必须通过主动反思的过程来亘构自己的认知体系，促进自身理念与角色的转化。在日常教学中，教师可以在课堂教学的真实情境中，观察课证融通过程中对学生在知识结构、技能掌握以及面对复杂情境时解决问题的方式等方面的变化，理解1+X证书制度对学生全方位成长和终身学习能力的重要意义。在同事交流中，可以实现不同教育思想的碰撞，在教师不同观点的交融诞生自身的深度理解。在不同的课堂教学参照中，思考多样的课证融通模式的优劣，反思自身课堂教学的优缺点及其改进措施，在不断地交流中催生出基于教师自身特色的思想火花，将1+X证书制度蕴含的先进理念真正内化于心，实现教育理念由外显到默会再到内化的深层次转变。

（二）研标准深理解，更新自身知识结构

1+X证书制度必须基于专业知识的逻辑起点，教师实践能力的强化与专业知识结构之间是交互关系，正如罗素的知识金字塔理论，知识自下而上分为“数据—信息—知识—智慧”四个层级，教师在日常教学实践行为中不断反思生成第三层的体系化的知识，最终生成教师能力。“双师型”教师只有在实践中不断地更新、完善自身的专业知识，结合政策发展的背景和要求对标1+X证书的具体要求，了解本专业知识技能的形成和发展规律、1+X证书制度的最新研究成果和发展动态、相关行业企业的发展需求并重构自身知识体系，才能更

好地适应教育变革所带来的挑战。

此外，由于“双师型”教师来源多样，再加上教师的性格特征、教育与企业实践经验等方面的差异，不同教师对知识理解和掌握的广度和深度各有不同，因此不同的教师群体也应当根据自身需要优化调整知识结构。在调研数据中，长期处于学校场域内的专职教师比兼职教师表现出更高的理念适应水平，同时在知识掌握程度上，完全同意自己具备 1+X 证书制度实施所需要的跨学科知识储备的教师中兼职教师占比为3.85%，专职教师占比为21.20%，完全同意自己了解 1+X 证书制度相关理念与政策的兼职教师占比为15.38%，专职教师占比为28.53%。由此可见，不同来源的教师群体，对自身知识的结构的优化方向和需求也不同。因此“双师型”教师应当对标职业技能等级证书的标准，思考自身知识结构优化的方向。

依据《中等职业学校教师专业标准（试行）》对中职教师知识结构的划分，可以从教育知识、职业教育政策背景、课程教学知识和通识性知识四个方面优化教师知识结构，其中教育知识是关于教师教育观念性的知识；课程教学知识主要是关于“教什么”和“怎么教”的教学相关知识，其中教师应当要知道学历教育与职业技能等级证书的内容在课堂教学中具有同等重要的地位；通识性知识是教师的人文和科学素养；职业政策背景指与职业教育相关的政策和指导意见，尤其是需要具备 1+X 证书制度的相关政策知识理念与内涵，这也是“双师型”教师适应 1+X 证书制度的必要知识条件。结合 X 证书的标准来看，教师应当从四个方面优化知识结构：一是要掌握适应 1+X 证书制度的观念性知识，了解 1+X 证书制度的教育教学理念、内涵价值等内容，认识到教师在政策落实中所承担的重要角色和作用，积极转变心态推动政策的有效落实；二是要掌握 1+X 证书制度的相关背景知识，了解 X 证书的基本标准和考核内容、评价方式，关注有关行业的发展趋势和人才需求的背景性知识；三是要掌握 1+X 证书制度下课证融通教学模式改革方面的课程教学知识，例如要知道如何在教学内容上综合体现完成工作任务所需的职业素养、专业知识和技术技能的内容，如何在教学情境中体现工作领域、工作任务和职业技能要求，如何将课程内容与职业技能等级证书的考核标准深度融合；四是要掌握通识性知识，大多教师会把重点放在课程教学知识上，而忽视了通识性知识的重要性，然而随着现代产业结构不断向高新型、技术型、复合型产业转变，科学性和创造性是当代人才培养的核心话题，教师就必须了解文化科学领域的新发展，学习新知识，不断充实与更新自身的知识结构，提高文化科学素养，才能用广博的知识引导学生思考，培养学生的探索精神、激发学生求知欲。

（三）强实践融企业，提高专业实操能力

职业技能等级证书的开发与考核都需要根植于真实工作岗位的实践要求，体现为将新技术、新工艺、新规范、新流程融入职业教育人才培养的全过程，强调实践能力培养的重要

性，这必然要求教师强化自身胜任企业岗位的专业实操能力。教师唯有置身于企业真实的生产、经营以及管理等环节中，才能将企业的岗位需求、组织文化、流程规范等内化为自身的行业前沿知识，从而更好地洞察产业发展的趋势与人才培养需求，掌握企业先进的生产技术手段，从而赋能教师的专业实践操作能力发展。为此，一方面，“双师型”教师应提高对企业实践的认识和重视，积极参与企业实践锻炼，认识到赴企业实践锻炼是完善自我，提升自身价值的有效途径，端正自身实践的态度；另一方面，“双师型”教师应当发挥主观能动性，积极寻求企业实践的机会，充分利用寒暑假等业余时间与企业联系，获得企业挂职实践锻炼的机会，在带队学生到企业实习的期间，认真学习观摩企业先进的生产技术和流程规范，总结不足，积极与企业技术人员进行交流，弥补自身实践能力薄弱的不足，充分提高自身实操技能，并将在企业实践中学到的内容融入课堂教学中。诚然，教师企业岗位实践的效果还会受校企合作薄弱、学校或企业实践管理制度欠缺等因素的影响，但最终对教师专业实操能力提升影响最大的还是教师自身的主观能动性，只有教师从根本上认同企业实践的重要性，才能够激发教师企业实践的积极性，进而促进教师胜任企业岗位的专业实操能力的全面提升。

（四）优化教学技能，探索课证融通模式

课证融通的内涵体现在三个方面：课程教学标准与 X 证书标准相融合、学习任务与岗位工作任务相融合、教学评价与 X 证书考核评价相融合。1+X 证书制度的关键点是课证融通，建构 1+X 证书制度下的课证融通能力是“双师型”教师适应性提升的应然要求。基于课证融通的内涵基础上，“双师型”教师应依托日常课程教学经验，从课程标准、课程实施、课程评价三个方面优化自身及教学技能，探索课证融通教学模式。首先，教师要根据职业技能等级证书标准要求，将 X 证书培训内容有机融入课程教学。在课程标准上对接主流生产技术、行业发展的新知识、新技术、新工艺、新方法，将职业技能等级证书的考核标准潜移默化地教授给学生，避免轻短模式的培训方式带来的不良影响，将 1 与 X 实现有效融合，减轻学生负担，避免 1+X 变成 1+1 的简单叠加，失去 1+X 证书制度的初衷，打击学生考取 X 证书的积极性。其次，在课程实施上主动对接岗位典型的工作任务和工作过程，探索分工协作的模块化教学，在探索课证融通教学模式的过程实现教学相长，促进自身实践能力的发展，强化对 1+X 证书制度的能力适应，在调查数据中也可以发现，专业实操课的教师的能力适应水平显著高于理论课教师。再次，教师要能够根据学情、学生特点开发数字化教学资源，不断增强自身信息化教学能力，尝试通过制作 MG 动画微课、H5 移动课件或者雨课堂、速课平台等网络平台将教学内容以深入浅出、图文并茂、形式多元的方式呈现在学生面前，以视觉体验和人机互动的方式提高教学质量，改善教学效果，培养学生的终身学习的能力。最后，教师要能够根据职业技能等级证书的考核标准优化课程评价方式。要坚持以学生为

中心，深化复合型技术技能人才培养模式和评价模式改革，强调了学生的主体性，这就要求教师要通过真实性评价的方式对教学过程中学生技能掌握水平进行评价，不仅关注在工作任务中的结果，还要关注工作中的技能细节，全面细致地掌握学生的专业知识、实操技能和策略解决问题的水平，并在下一次教学中进行针对性的改善教学。

（五）加强学术修养，发展教学科研能力

1+X 证书制度强调“双师型”教师要熟悉掌握产业发展的新技术、新工艺、新规范等，同时在数字化时代背景下技术迭代速度不断攀升，这就要求教师时刻保持对新问题、新信息、新发展的敏感性与持续的观察反思，基于教学实践的科学研究是帮助教师保持思维敏捷性和创造性、促进 1+X 证书制度有关应用成果转化的最佳途径之一，也是帮助教师生成适应教师个体特质的课证融通模式和教师专业发展的重要手段。为此，教师应当加强自身学术修养，发展教学科研能力。首先，教师可以通过积极参与课题申报讲座、企业技术攻关和产品开发等相关培训，了解科研的流程和规范，积累学术素养和教育研究的基本知识理论。其次，行是知之始，教师应当将科学研究的理论知识融会到教学或企业实践中，在实际科研活动中不断锤炼自身的学术修养。在开展 1+X 证书制度试点工作和日常教学实践活动的过程中，教师可以通过对教育实践和教育现象的反思，发现隐藏在问题和新现象背后的意义，从而不断改进工作并形成理性认识，将科学研究融入日常的教学生活中。最后，“双师型”教师对于科研的不自信也源于教师在研究方法的缺失，因此教师可以将自身教学活动视作研究的田野开展行动研究。例如对 1+X 证书制度对提升学生就业能力的作用、X 证书融入教学等实际问题进行深入探讨，将自己的教育教学经验进行总结并形成案例，既将自己作为研究者，又将自己视为研究对象，增强科研自信，加强学术素养，提升科研能力，助推自身专业发展。

二、学校融合证书考核要求，优化教师管理体系

（一）制定合理的教师培训制度，创新培训形式

试点学校应当要遵循“引进来—走出去—明需求—结对子—重持续”的思路制定科学合理的教师培养制度。第一，引进 X 证书标准制定的行业专家或实践能手，为师资培训注入新活力。实施 1+X 证书制度要求“双师型”教师能够深刻把握 X 证书的标准和开发考核流程，从科研院所、企业、培训评价组织引入具有丰富行业实践经验的技术骨干或 X 证书开发者为教师做相应的政策讲解、证书开发、产业动态的培训讲座，不仅可以加深“双师型”教师对 1+X 证书的深度内涵、价值取向、核心理念等制度落实必备的理念认知要素的理解，还能将行业企业最新的技术需求、管理规范、产业发展动态以面对面交流的方式帮助教师

更新行业和技术知识，构建教师在专业建设、课程建设、教学实施和教学评价与X证书标准融合的知识基础和理念认同。第二，走出学校深入企业，为教师补足实践经验。教师的岗位胜任和实践操作能力并非一朝一夕就能形成，为此试点学校可以通过将“双师型”教师派往企业长期脱产或者定岗的方式，直接接触真实工作岗位的任务和标准，增强真实企业项目开发的能力，学习X证书标准及其鉴定技能、资源建设等内容，为教师重构课堂形态、创建基于真实情境的教学范式提供经验和能力基础。第三，依托“双师型”教师的实际需求，为教师提供分层次、个性化的教师培训方式。由于教师个体的教学经验、技能分布维度、接受能力都有一定的差异，研究的数据也表明，专业实训课教师的能力适应水平显著高于专业理论课和实习指导课的教师，而初级职称教师的环境适应水平显著高于高级职称教师，这意味着不同的教师有着不同的培训需求。因此应当要明确教师个体发展的需求，重点培养与普遍提高相结合，制定“双师型”教师培训需求库，依据不同教师的层次、经验与不足，提供教学技能培训、专业实践技能培训等供教师灵活选择，制定基于以教师为本的生涯发展与培养方案，教师可以灵活选择自己想参与的培训课程，针对性补足自己的缺陷。第四，以名师结对的方式，为教师提供专业指导。在校内遴选课证融通能力、专业实践能力以及在试点工作中取得突出成果的优秀教师，以结对帮扶的方式组成教研小组，满足1+X证书制度强调实践性、跨域性、即时性的特点，在不同学科领域教师的思想交融与工作探讨中，提升教师面向X证书标准的教学能力、项目开发能力、专业实践能力、科研成果转化能力，实现教师团队的全面优化。第五，设计可持续发展的“双师型”教师培训跟踪机制。受限于日常教学任务和教学安排的冲突，当前对于“双师型”教师的培训大多是采取的“短平快”的方式，即在假期安排一部分教师作为代表参与各类国培、区培项目。但这种方式的缺点在于覆盖面小、缺乏后续培训效果跟踪，容易流于形式。为此，应当构建可持续的教师培训模式，充分利用互联网技术手段，发挥线上教育的优势，对教师进行持续的培训与跟踪检验。

（二）构建完善的考核激励机制，激发教师动能

“双师型”教师作为1+X证书制度实施的中坚力量，其对1+X证书制度的理解认识与行动，决定着试点工作能否与高素质技能人才培养过程形成同频共振，影响着1+X证书制度落实的成效。为此，学校层面应当设置物质和精神层面的双重激励机制，增强教师对参与1+X证书试点工作的成就感和内驱力。一方面，要明确教师参与1+X证书试点工作的绩效考核标准，推出专项绩效评分细则，将教师参与课证融通课程开发、科研成果转化、职业技能等级证书标准开发与鉴定、X证书专项师资培训等纳入教师绩效考核标准，明确每一项指标的评分占比，帮助教师明确1+X证书制度下自身能力提升和发展的方向，营造人人争先参与试点工作的积极氛围，打造一支教学能力、实践能力和鉴定能力“三力并重”的“双师型”教师队伍。在调研的几所学校中发现，尽管各个学校均有在工资或者绩效奖励上对

参与1+X证书试点工作的“双师型”教师给予一定的奖励倾斜的想法，但仍是停留在设想方面，这就需要学校尽快在内部绩效和工资分配上落实教师的激励，否则长久下去就有可能影响教师对参与1+X证书试点工作的积极性。另一方面，从精神激励出发，对在1+X证书试点工作中表现突出的优秀教师进行成果表彰，评定优秀职业技能鉴定师、优秀教师楷模等荣誉称号，通过优秀榜样的正向引领，以柔性文化力量提升教师参与1+X证书试点工作的成就感。此外，还要注意将过程性评价与终结性评价结合，成立专门的评价监督小组，设置“双师型”教师参与1+X证书试点工作的中期考核制度，跟踪教师的前中后各个阶段的适应性发展情况，总结经验教训，凝练成典型的教师工作案例，进一步推广到校企教师培训项目中去，以此全面提升教师队伍水平。

（三）强化校企师资联培与融合，发挥企业力量

深度校企合作是建设适应1+X证书制度要求的高水平“双师型”教师队伍的应然指向。1+X证书制度的实施是一个系统工程，其中“双师型”适应1+X证书试点工作所需的硬件设施设备、专业实践能力提升等都需要通过深度校企合作才能补足，“双师型”教师的系统培训和企业实践能力提升都离不开企业的支持。为此，学校应当抓住政策利好的契机，深化校企合作，通过校企合作配强做优学校高水平“双师型”教师队伍，借用企业的资金设备与技术优势，为提升“双师型”对1+X证书的理念适应、能力适应充足动能。

首先，要探索校企师资联培模式。学校可以通过与企业合作，以结对子的形式为学校专职教师配备一名相应专业的企业技能导师，定期再指派教师到企业内配合企业技能导师学习一线岗位实践技能，学校则可以通过自身在教育理论与技能方面的优势，为企业兼职教师提供教学技能培训，充分发挥校内专任教师和企业兼职教师各自的优势，实现校企双方来源教师能力的共同提升，促进教师在专业实操能力和教学技能方面的适应性提升。

其次，通过校企师资融合，合理配置和优化“双师型”教师队伍结构。当前，多数职业院校中“双师型”教师队伍仍以专职教师为主，来自企业的兼职教师严重不足，这对“双师型”教师进一步了解企业最新的技术、规范、用人需求极为不利，为此学校应以校企深度合作为契机，从企业引入一批熟悉职业技能等级证书标准、具备丰富企业实践经验、了解行业前沿动态发展的技术骨干和行业能手担任兼职教师，并让企业专家参与到课证融通教学方案制订、课程标准制定、1+X证书制度的解读等活动中去，以优化“双师型”教师队伍结构。

最后，通过校办企业模式进行深度融合，弥补教学实施硬件不足的弱势。学校开展试点工作的痛点在于硬件设施和相应教学资源缺乏资金难以配置，为此可以借助企业的技术和资金优势，借鉴新加坡的校办企业模式，将企业的新流程、新规范、新工艺浓缩并模拟到学校及教学中，甚至将某一生产、经验的环节引入学校，实现学校教育与企业经营的真正

融合互通，学校在此过程中可以实现课堂教学的真实情境化，同时借助企业的力量弥补自身硬件和师资上的不足，使得教师可以在此过程中直接参与企业的生产与经营流程，强化教师的专业实践本领，促进教师专业知识的协同发展，帮助教师实现专业知识和实践技能的同步锻炼和提高，促进教师适应1+X 证书制度的能力要求，深化对职业技能等级证书标准和开发考核等方面的理解。

三、政府统筹优化政策保障，完善经费支持机制

（一）增强政策设计的针对性，细化改革目标内容

在国家层面，明确改革涉及的时间限度、推行广度、落实深度。一是注意阐明1+X 证书制度改革的时间线，给予时间期限，防止政策实施出现各环节断裂问题；二是明确1+X 证书制度面向和推广的目标群体范围，不仅要明确1+X 证书制度面向的对象是全日制在校的学生和社会人员，还要明确学生参与职业技能等级证书考试的重要性，将考取职业技能等级证书作为学生毕业资格审查标准之一纳入法律规定的形式，提高教师和学生的重视程度；三是加深政策改革的深度，在内容上要明确政策改革包含的具体要素，将政策教材建设、人才培养方案制度、教学计划等纳入1+X 证书制度实施的元素。在地方层面，要根据地方经济和产业发展需求，依据国家政策的宏观指导方向，制订出适应地方发展的改革方案。地方政府部门在制订方案过程中，要注意采用更加明确的政策表述，将各指标进行量化明确政策执行的细节，加强政策执行的可操作性。例如，要培育多少个典型试点学校、开发多少门课程标准、评选多少个优秀的培训评价组织，并将这些评选结果生成基于地区特色的典型成果进行推广与奖励。

（二）构建多元经费筹措机制，完善经费管理制度

1+X 证书制度强调与新技术、新行业、新规范的有效对接，首批证书试点包括建筑信息模型（BIM）、Web 前端开发、物流管理、老年照护、汽车运用与维修、智能新能源汽车6个职业技能等级证书，其中半数以上的职业技能等级证书都属于高新技术产业，与以往的职业资格证书相比，需要的考核成本、站点建设、硬件设备购置成本明显偏高，需要大量经费支持才能保障证书培训的软硬件教学资源供给正常。然而，随着 X 证书试点不断增加，所需的经费需求也日益扩大，一味地依靠政府单方面资金划拨显然已不现实，这就需要通过开源节流的方式保障经费支持。一方面，要通过构建多元经费筹措制度进行“开源”，通过借助企业、培训评价组织等社会力量，探索经费分摊筹措方式。例如，可以借鉴德国的“双元制”经费筹措机制，以实施阶段返还和结果导向奖励相结合的模式，激励龙头企业参与，借助企业的资金支持并给予其基于试点成果导向的奖励。另一方面，要完善证书考核的考务

费用、场地租用、设备建设等各项经费的管理与使用制度，规范经费开支。政府部门要明确证书考核各项经费的使用标准与范围，通过公共财政税收补偿机制，返还企业与培训评价组织在参与1+X证书制度的隐形成本。同时还要对参与证书考核的教师和学生给予相应的补贴发放，按照证书考核的结果导向制定经费补贴标准。因此，职业院校应当注重师资专项培训经费的划拨，以保障师资队伍建设的可持续发展。

（三）规范培训评价组织行为，严把X证书质量关

培训评价组织先天的营利性和后天被赋予的教育公益性本身就是一对复杂的矛盾，处理好这对关系是保障1+X证书制度得以有效维持推行的关键所在。观照上海、重庆等地1+X证书试点工作实施的经验，要避免因营利性与公益性纠葛而导致的证书认定“乱象”、证书认可度不高等问题，就要强化政府的监管作用，规范培训评价组织行为，严把X证书的质量关，保障X证书发放的严肃性。具体而言，一是要加强对培训评价组织的监管。过去职业资格证书后期所产生的市场不规范现象丛生、评价结果的真实性饱受质疑的教训表明，必须加强对培训评价组织的监管，以此保障证书的权威性和含金量。在培训评价组织的选拔上，必须严格培训评价组织的遴选标准，教育主管部门应对培训评价组织是否具备相应证书的开发资质、师资力量等进行全方位的严肃审核与把关，遵循证书开发宁缺毋滥的原则，这既是过往双证书制度的直观经验，也是X证书质量保障的重点所在。需要明晰的是，职业技能等级证书仍处于起步探索和持续优化阶段，社会舆论的影响至关重要，因此必须把好每一道关口，这样才能保证1+X证书制度顺利推进。二是加强证书考核的严肃性，以退出机制强化监管与威慑。开展“双随机、一公开”抽查和监督结果的公开化，针对抽查不合格、不合规的培训评价组织进行取缔。三是要改善职业技能等级证书的质量评估机制。职业技能等级证书的开发、考核与认证等复杂环节涉及教师、家长、行业企业等多种角色的参与和评价，通过座谈会、问卷等形式使职业技能等级证书的利益相关者广泛参与证书质量评估活动，不但能够发挥社会公众对1+X证书制度建设的监督作用，还是促进职业技能等级证书的动态建设和更新，以社会监督保障职业技能等级证书的含金量的重要举措。

四、营造良好社会支持氛围，调动社会积极因素

（一）强化企业的责任意识，形成社会协同合力

企业是1+X证书制度有效落实的重要社会支持力量，因此要提高企业的参与度。行为发生的动机应该源于主体自身的内部动机，而非对外在奖赏和荣耀的功利性追逐。企业的社会责任意识，能够使处于1+X证书制度下的各政策实施主体间不必考虑其他利益相关者是否遵守交易规则的问题，可以防止机会主义倾向和败德行为发生。当前，已有多家企业

通过与职业院校联合，协同推进1+X证书制度的落实。为此，要强化企业的责任意识，构筑政策执行的社会协同支持合力。一方面，要强化企业责任意识的宣传与教育，通过塑造氛围、广泛宣传，将参与1+X证书制度的价值效用塑造为被行业企业认可并深度参与的价值标准，激发企业的专业自觉，从专业的延续性寻求企业参与的价值。依据马斯洛需求层次理论，企业的价值追寻应当从低层次的产品输出与逐利取向，向高层次的自我价值实现的取向转变，企业在参与1+X证书制度的过程，并非简单的商业行为，而是能够通过职业教育学校输送企业的标准与文化，最终实现口碑与效益的双赢。另一方面，要以企业为核心节点，联合培训评价组织、行业协会、职业院校多方制度实施主体协同推进1+X证书制度。企业是在制度实施过程具有多重角色的特殊存在，企业既可以发挥自身优势申报为培训评价组织，也可以通过校企深度融合增强师资力量，同时还与行业企业保持着密切的联系，可以说企业是政策实施多方主体形成合力的重要黏合剂。企业可以发挥自身优势，构建制度实施共同体，实现将新技术、新流程、新工艺纳入职业技能等级证书标准、师资培训方案、课堂教学的动态更新与融通，缩减沟通成本，获取最大效益，保障证书质量。在社会多元协同合力之下，促进企业、行业协会、培训评价组织的社会责任感和1+X证书制度的高度认同，这样既能够构建1+X证书制度开发的良性循环机制，也能够在社会层面塑造1+X证书制度实施的良性氛围。

（二）构建柔性文化支持机制，营造良好社会氛围

舆论是一种精神力量，是社会中人与人之间关系的反映，也是构成教师适应性生成和发展的外在环境。良好的社会舆论氛围可以使教师感受到较高的职业成就感和幸福感，增强“双师型”教师适应1+X证书制度相关要求的自我效能感，实时调整自己的行为，使之符合社会对“双师型”教师角色在1+X证书制度发挥作用的期待。为此要把握社会舆论宣传阵地，对教师、职业院校、行业协会、企业、培训评价组织等政策执行的主体，要进行全方面深层次无死角的政策宣传与解读，以增强人们对1+X证书制度的深刻领会与认同感。为此，可以借助非正式制度的柔性文化力量，加强政策宣传与引导，营造1+X证书制度实施的良好社会氛围。具体来说，一是学要筑牢学校层面的1+X证书制度良性宣传主阵地。职业院校是1+X证书制度实施的重要阵地，“双师型”教师与学生作为学校的一员，能够直接感受到制度改革的氛围与学校组织文化对1+X制度实施的整体价值取向，氛围越积极热烈就越能激起教师和学生对X证书的认同感。一方面，学校领导者要以身作则，积极参与到1+X证书制度的宣传与推广过程，通过会议分享、实践研究等形式，促进学校管理者对1+X证书制度对高质量技能人才和学校提升的重要意义。另一方面，要在校内开展1+X证书制度方面的政策解读和宣传工作。利用入学教育、主题班会等方式，将1+X证书制度的基本内涵与价值意蕴与专业教育和生涯教育有机融合。同时，要保持长效性的1+X证书制度及其有

关政策的宣传与解读，要通过学生喜闻乐见的方式将职业技能等级证书的重要性向学生普及，以发挥学生队伍的榜样引领作用，引导学生充分认识自身职业生涯发展与 X 证书的关联，激发学生对考取职业技能等级证书的主观能动性，真正从内心深处接受职业技能等级证书，积极配合学校的试点工作安排，提升学生的就业本领和可持续发展能力。二是要绘制社会层面对 1+X 证书制度的共同愿景。教育行政部门、专家学者、职业院校、培训评价组织应当形成合作宣传矩阵，以官方新闻报道、短视频、网络直播等为载体，消弭社会层面对 X 证书的误解与偏见，广泛清晰地描述 1+X 证书制度的改革目标及其价值意义，从社会大众认知层面绘制 1+X 证书制度改革实施的共同愿景。

第二节 1+X 证书制度下职业院校人才培养模式优化策略

一、1+X 证书制度下职业院校人才培养模式

国家的进步离不开人才的培养，在教育改革的背景下，职业院校如何利用自身的教育资源，从教学模式上进行创新，从教学方法上拓展思路，是当前教育改革的新要求。我国的职业院校数量众多，同其他高等教育一样，职业院校对于社会的人才输送同样作出了不可磨灭的贡献。在职业教育中，一方面要理论与实践相结合，另一方面也要在人才培养模式上加以创新，确保所培养出的人才能够有效地掌握专业的技能，以满足社会对于专业人才的对口需求。人才培养模式是一个较为笼统的概念，其涉及的内容是多方面的，特别是在引入了 1+X 证书制度之后，对于职业资格证书等相应证书等级有了进一步的细化，证书也更能准确地反映出学生的真实能力。

（一）1+X 证书制度的特点

社会的进步是伴随着整体质量的进步同时发生的，在我国社会经济高质量发展的背景下，我国的职业教育人才培养模式的标准也有了新的变化。在以往的职业教育中，往往对于学生的综合实力提升没有过多的关注，反而只要求学生掌握相关的专业知识和技能，对于职业技能的掌握往往是建立在理论基础之上的，过分地看重理论导致了没有对相关职业技能鉴定引起足够的重视，进而导致了其培养出的人才在真正地投身到社会之后，还需要企业进行专门的培训才能胜任岗位。

基于此，在职业教育的过程中引入了1+X 证书制度，这是对于传统“双证书”制度的改良，也是对学生证书等级制度的一次有效的细化。通过细化，学生在能力方面的真实水准可以更好地反映到证书上。证书上的变化必然会引发教育模式上的改变，对于职业院校来说，为了适应1+X 证书制度，其对于人才培养的教育模式也要相应地发生改变，以应对我国对于高质量就业发展教学目标的新要求。

（二）职业教育1+X 证书制度对于人才培养模式的实践意义

1. 使学生能更好地适应社会

一方面，在职业教育学校实施的1+X 证书制度人才培养模式，其证书本身就有较强的针对性，通过证书可以良好地反映出学生对于理论知识和职业技能的掌握，这更有利于社会企业在学校中挑选人才。在证书制度的引导下，学生的学习会更加地有目的性，学校也可以根据1+X 证书制度的要求来实现人才培养模式上的改变，明确岗位的需求，让学生通过自己的努力考取相应的证书，从而使学生步入社会进入企业之后，有更好的适应能力。

另一方面，对于企业来说，证书制度的细化也带来了很多好处，首先是证书的效力被强化，在1+X 证书制度下，企业对于人才的要求可以更加直观地体现到证书上，同时也可以明确要前来工作的学生需要拥有哪些证书等级。细化之下的证书等级制度带来的是更多的学习压力，在这种压力之下，学生会更加深刻地认识到掌握专业技能的重要性，这有助于增加学习的动力，保证其掌握专业知识的牢固性，在踏入社会之后可以更快地融入企业工作之中。

2. 培养现代化复合型人才

在目前的职业院校中，复合型人才培养越来越受到重视，复合型人才有更好的综合素质，也更能满足大多数企业中的岗位需求。同时，随着课程改革的实施，职业院校在培养学生专业知识技能的过程中，也会附带培养一些与专业知识有关的技能。其中最为典型的当数计算机技术和网络技术的培训，随着网络技术的发展，计算机和网络的应用已经普遍存在于各个领域，换言之，基本上所有的领域都涉及计算机技术和网络技术。很多学科都有着综合性的特点，学生除了要掌握其核心技能知识之外，还要对相关的领域有所了解，只有这样才能成为复合型的人才，在竞争上岗之时有更多的机会。1+X 证书制度的引入使得职业院校更加看重复合型人才的培养，使教育模式更加现代化和智能化，充分迎合时代发展的特色。在学生取得了对应的证书之后，其掌握的核心专业知识以及现代化信息技术对其日后在社会企业中的工作起到了决定性的作用，对于现在的社会来说，能力越大就决定了其成就越高，正所谓“技多不压身”就是这个道理。对于当前时代新兴信息科学技术的学习，不仅能促进学生在职业技能证书考取和学习过程中的多元发展，还能促进在1+X 证书制度背景之下的产学研相结合。

（三）1+X 制度背景下的人才培养模式应用策略

1. 制定良好的教育模式并落实到位

教育模式的改进是建立在制度变更和实际需要的基础上的，国家对于1+X 证书制度的发布，旨在要求职业院校建立更加符合现代化人才需求的教育模式，与传统的教育模式相比，新模式要求职业院校不论在管理上还是在教学方法上都应当进行一定的创新，通过创新来完善体系，通过创新来探索新型人才的培养发展之道。

由传统教育模式向新模式变革，首先要做的是有一个科学合理的规划，职业院校可以通过加强与企业之间的合作来了解合作企业对于人才的具体需求，分析需求之后制订人才培养计划。在制订人才培养方案的过程中，仅凭自身对学生的就业发展情况进行分析，是无法彻底理解企业需求的，所以在结合1+X 证书制度背景的同时，要有针对性地对教育模式进行创新，并充分了解各级各类专业技能等级的要求，从贴合1+X 证书制度的角度来开展人才培养工作。在1+X 证书制度背景下，人才培养体系的发展方向是向着实践而进行的，学生的实践应用能力是专业课程内容制定的标准，通过与企业建立合作关系，来确保1+X 证书制度在职业教育人才培养模式中科学规范地应用。

2. 与1+X 证书充分融通，做到职业教育一体化的要求

在培养专业技能人才的过程中，学历证书的重要性是与职业等级证书同等重要的。对于职业院校出来的学生来说，学历证书只能证明了你接受过职业教育，在如今需要竞争的就业形势之下，职业院校的学历证书所发挥的作用十分有限。为了增加职业院校学生在就业时的竞争力，学校要充分重视职业技能等级证书。

学历证书证明了学生已经完成相关专业理论知识的学习，而职业技能证书则证明了学生对于专业技能的掌握情况。对于企业来说，职业院校学生的职业技能等级证书往往比学历证书更加重要。所以，在职业教育1+X 证书制度人才培养模式的实施过程中，要注重证书之间的关联，建立一体化的教育体系，不能出现重视一方而忽略另一方的情况出现。职业教育一体化的发展要求，是与社会企业的实际需求相结合的，社会企业目前对于职业院校人才的要求是全面型、实践型的，这就要求职业院校在进行教育的过程中，一方面确保其人才培养体系完整，另一方面要保证其培养模式的完整性。尤其是在讲课授业的过程中，对于与职业技能有关的学科都要有所涉猎，要求学生建立起对于学习的正确认识，加强课程培训方面的管理，充分迎合1+X 证书制度，全面发展自身，通过提高个人综合能力来增加自身竞争力。

3. 加强师资力量

职业院校的师资力量是十分薄弱的地方，所以对于职业院校来说，不仅要培养学生的职业技能，还要加强对于教师的培训工作。特别是在1+X 证书制度实施之后，教师的专业程度决定了其教育体系是否能够跟上国家政策的要求。学校可以通过定期组织教师进行培

训的方式强化学校的师资力量。对于学生来说，教师就是他们的榜样，如果教师的职业素养较差，学生就会怀疑学校的综合实力以及办学能力，从而对自己的学历证书和职业等级证书的效用产生怀疑。综上所述，不管从哪个角度来说，职业院校的师资力量都是十分重要的方面，职业院校也要对此引起足够的重视。

4. 建立实训基地，增加学生的专业技能

在职业院校人才培养模式的实施过程中，职业院校还要着重培训学生的实践能力。学生在掌握了必要的职业技能之后，如果不通过实训来进行强化，则其知识大多是停留在理论之上的，在步入社会企业之后仍然需要一段时间的适应。所以职业院校在 1+X 证书制度的背景之下，还要建立实训基地，用以加强学生的实践能力和应用能力，有效提升学生的专业技能水平。与此同时，各地区的职业院校也要加强基础设施的建设，结合信息化教育模式，实现教学信息与企业之间的信息共享，实现对于社会所需专业技能型对口人才源源不断地输送，使教育与企业产业人才的需求有机地结合起来，通过实训活动的开展让企业充分了解学校的人才培养模式，增加企业对于学校所培训人才的自信心，以实训活动的方式来提高学校的学生就业率，并打造出更好的学校口碑，进而促进就业与招生之间的良性循环，进而增强学校的综合实力，争取为社会为国家培养出更多的有用型人才。

二、1+X 证书制度下职业院校人才培养模式改革策略研究

（一）1+X 证书制度下职业院校人才培养实践意义

1. 适应职业化教育高目标发展要求

在传统的职业教育发展模式之下，往往注重学生专业知识的掌握和专业技能的培训。学生在学校课程学习中掌握了很多单纯的专业知识，也在实践过程中有了很强的动手能力。但是，这些能力却没有经过实践的考验，学生对于职业技能的掌握也往往是建立在理论知识的指导下。这些专业的理论知识和单一的技能操作没有经过社会化的洗礼，也没有经过社会化的考验，很难符合企业的发展需求，所以导致很多人才投入社会之后，企业还要特别进行专门的培训，这都是因为学习过程中缺乏职业技术能力鉴定所引起的不良后果。学生虽然掌握了大量的理论知识，但如同无米之炊，即使理论知识再强悍，也没有用武之地，也不能够针对社会化的需求匹配就业。针对这种矛盾和需求缺口，职业教学过程引入了 1+X 证书制度。基于传统的双证书制度的改良，1+X 证书制度能够对学生的专业技能和理论知识实行细化的技能鉴定，毕竟学校的知识库和社会的知识库是不同的，学校传授的知识必须经过社会的检验才能够达到有效的转化，学生在学校的真实能力水平才可以得到真正的体现。在职业教育过程中引入 1+X 证书模式，对于职业教育人才培养的教育模式来说是一种彻底的改革，能够促进职业院校发生本质转变；对于职业院校的高质量人才培养目

标来说，是一种新的要求，也是一种新的鞭策。1+X 证书制度能够检验学校的教育成果，能够反映学生的真实水平，能够为企业吸纳专业化的人才，能够省略大部分的资源消耗，能够实现职业教育和企业人才需求的无缝对接。

2. 促进学生更好地投入社会工作

实施 1+X 证书制度之后，职业教育拥有了很强的针对性。通过证书获取，学生可以递交自己专业理论知识学习和技能知识掌握的有效成绩单。这种成绩单不是学校日常期末考试可以获得的，而是通过社会化的评价标准来实现的，这对于学校来说，会使学校培养学生的方式更有目的性。首先，学校可以根据 1+X 证书的要求来实现人才培养的精确性，以社会化的岗位需求来培养学生的专业能力，在这种模式下培养出的职业院校学生，步入社会投入岗位工作之后，能够拥有更强的适应能力。其次，对于企业来说，1+X 证书制度的实行，能够让企业更加直观、更加具体地选择人才，能够明确人才与岗位的具体需求和匹配，同时也能够用证书来筛选出优秀的高层次人才。细化之下的证书等级制度，给企业人才筛选提供了便捷通道，提供了更强的岗位适配性，让企业能够挑选到优秀的人才，更好地为企业服务。最后，对于学生来说，1+X 证书制度的实现，为学生带来了学习压力，同时也给学生带来了动力，能让学生更强烈地体会到社会对人才的需求，能够让学生在掌握基本理论知识的同时，学到与社会需求相匹配的专业技术和专业知识。增强知识的应用程度，增强知识的巩固性，能够促进学生在步入社会之后更快速地融入企业，避免浪费社会资源来重复二次培训，同时也能够让学生对自己母校的培养方式更有成就感和荣誉感。

（二）落实职业院校 1+X 证书教改措施

1. 建立新型职业教育模式

职业院校应该积极响应国家对 1+X 证书制度的倡导，实现学校教育模式的转变，建立新型的专业复合型人才教学计划，改变传统的教育模式，在教学理论和教学方法上进行一定的创新，来完善教学体系的优化，通过教学创新来建立符合企业需求的人才输送通道。由传统教育模式向新教育模式转变，需要职业院校作出一定的教学模式更改规划，对于学生应当学到的知识理论和职业技能进行全面复盘，制订符合企业需求的人才培养方案。职业院校可以通过校企合作的方式，从企业层面挖掘企业对于人才的具体需求，通过分析这种具体岗位需求来制订有针对性的人才培养计划。

在人才培养方案的制订过程中，根据学生的自身条件和就业发展愿景进行有效分析，既可以达到能匹配企业需求，也能完成学生就业愿景的目标。在结合 1+X 证书背景证书制度的条件之下，要充分了解各个等级证书对于专业技能的需求，针对这种需求进行教育模式创新，从而贴合 1+X 证书的职业需求，以证书为根据、以证书为人才培养发展细则来展开教育工作。要从理论迈向实践，从注重学生专业知识能力的提升，到注重学生实践能力的应用，通过教学目标的方向性转变来进行职业院校专业课内容的制定，不断加强与企业关系的融合与融洽，建立校企合作的密切联系，使1+X证书制度能够得到科学化、规范化的应用，能够在职业教育人才培养模式中起到高屋建瓴的作用。

2. 完善职业一体化要求

在1+X职业证书制度的要求之下，要注意区分1+X模式的重要内涵，其中“1”代表学生已经完成了相关的理论知识的学习和相关技能的操作，证明学生接受过职业教育。但是，“1”却不能证明学生拥有不同于别人的竞争能力。“1”代表普适性，代表传统性，代表大众性，只能说明大部分学生拥有了职业院校的学习经历。学历证书发挥的作用十分有限，它使学生不能够区别于他人、形成独特的核心竞争力，在参加社会就业的时候，不能够充分体现自己的专业能力和专业技巧。所以在这个过程中，学校要注重“X”的培养，“X”是注重职业技能等级证书的完成。职业技能等级证书证明了学生对专业技术的掌握能力，表达了学生对知识的应用和内化，代表了学生理论应用与实践能力，它代表学生的核心竞争力，体现出学生区别于其他人的不同素养，强调了学生具备的高素质和综合能力。所以在职业教育1+X证书培养模式之下，职业等级证书往往比学历证书更受人重视，不过在具体的人才培养计划中，学历证书和等级证书要同时运行，要建立一体化的教育培养体系，不能出现顾此失彼的情况，应该在学历证书的基本培养目标之下实现学生职业技术能力证书的获取，这样既能结合学校的统一发展要求，也能结合社会的实际情况需求，这是解决职业院校人才培养和社会企业人才需求固有矛盾的唯一途径。目前，企业对于职业院校人才的要求是全面型、复合型、实践型、应用型的，这就需要职业院校确保人才培养体系的完整性与科学性，要确认培养模式能够符合学生的全面综合性发展，尤其是在讲授课业的过程中，应该对基础知识融入应用性技巧的培养，应该促进对于执业能力有重大应用的学科体系的建设，不断地增强学生自身的竞争能力，使其在融入社会之后能够立即上岗，能够在岗位的要求之下完全胜任工作。

3. 加强职业院校师资力量建设

对于职业院校的学生来说，教师是实现职业理想最重要的榜样力量。一个优秀的教师能够对学生的未来给予基本的指导，对于经管专业的学生来说，在三年的理论学习中，可能掌握了大量的经济方面和管理方面的知识。但是，他却不能在企业的执行层面给予一定的建设性意见，也不能够在企业的具体岗位上获得能力的展现，这就是教师在日常学习中缺乏有效的指导所造成的。以经济管理专业的学生来说，教师应该在学生的日常学习中落实1+X证书制度，教师比学生更容易理解社会上对于经济管理专业学生的具体需求，所以教师应该对学生的未来予以规划。例如，督促其参加职业会计职称的考试、参加经济师的认证、参加注册会计师的考试等。这些证书都是含金量比较高的证书，在具体的社会岗位上有比较广泛的应用。而对于校方来说，想要落实国家的1+X证书制度，就需要以教师为媒介，实现对学生的教育过渡。学校应该定期组织对教师进行培训，强化教师的专业能力，加强学校的师资力量，增强学校的师资队伍建设，以帮助学生完成1+X 证书的获取，全面有效落实1+X 证书制度。

4. 增强学生职业技能，建立实训基地

实践出真知。学生在学校掌握了大量的理论知识，也掌握了一定的操作技能。但是，如果不通过实践来进行强化，来进行知识的转化、内化和吸收，那么大量的知识就会停留在理论阶段。在学生走上工作岗位之后，仍然需要很长的一段时间来适应，这对学生自信心的打击很大，学生会觉得自己学无所用。所以，职业院校应该注重学生实践能力的培养，在1+X 证书的教育改革背景之下，要建立校企联合机制，建立实践实训基地，建立学生理论知识的应用场景，加强学生的综合实践能力，通过各种手段有效地提升学生的专业技能水平。1+X 证书制度不仅是一场单纯的社会对学生的考试，而且是检验学生真实水平和实践应用能力的途径，所以应该利用这一契机，加强学校基础设施的建设，实现企业之间、教学和学校之间的信息共享，建立信息化的教学模式。如今，互联网技术的发展日新月异，在异地办公模式之下，学生以虚拟公司为入口，就能实现对所学知识的检验，提前步入社会，检验自己的真实水平。在这种模式下，既能够实现社会对专业人才的需求，又能实现学校对综合高素质人才的培养和输送，使企业应用和学校教育之间有机结合起来。通过实践活动，既能够让企业充分了解职业院校培养人才的模式，同时也能够发挥职业院校的品牌效应。

如今，社会对于人才提出了更加严格的要求，这对于毕业生来说是一种压力，但也是一种学习动力。因为1+X 证书制度拥有严格的职业技能等级划分，所以职业院校应该不断地建立适合1+X 证书制度的人才培养体系，不断对教学内容和教学方法进行改革和创新，培养出应用型、技术型、实用型、综合素质高的人才。

三、1+X 证书制度下职业教育人才培养模式的创新方向与路径

（一）1+X 证书制度下职业教育人才培养模式的创新方向

从形态来看，1+X 证书制度是在传统学历职业教育的基础上，增加了职业技能等级证书，给学习者提供选择的机会，从而拓宽学习者就业创业的本领。从内容来看，1+X 证书制度不仅强调职业技能等级证书标准与学历教育的融合，并且要求职业技能等级证书的开发过程要体现“新技术、新工艺、新规范、新要求”的融入。从形式上看，学习者还可以通过学历教育，获取职业技能等级证书，也可以通过校内校外培训、工作场所学习等途径获取职业技能等级证书，并且通过职业教育“学分银行”的形式实现学分转换。因此，对1+X 证书

作用的理解，需要从培养复合型人才的角度去思考人才培养模式创新的方向。

1. 拓宽基础，支持职业人才的人本发展和长远发展

职业教育人才培养的逻辑起点是职业人才能力的形成，其发展是知识逻辑、专业逻辑和社会逻辑共同作用的结果。当前，职业教育之所以受到诟病，是因为将知识逻辑窄化为学科知识的形成逻辑，专业逻辑异化为岗位能力，消解与职业能力相关的全面发展内容，仅按照岗位定位来实施人才培养。事实上，这种趋势早就受到职业教育研究者的关注，在公布的“双高”建设方案中，出现了大量以“宽基础”为目标的人才培养模式。而对于复合型人才而言，基础能力的跨越甚至是全领域的，比如新时代的汽车销售人员，不仅需要对汽车产品的性能有深入了解，还需要具备营销技能，需要了解和分析各种数据，形成符合市场需求的综合素养。学校要为学生提供完善自身能力并树立终身学习意识的跨越专业逻辑的课程，并通过学习获取相应技能等级证书，打造具有广泛适应性、终身成长性和个体独特性的成长路径。

2. 承认差异，支持职业人才的个性发展和多元发展

承认差异指的是破解职业教育人才培养过程中，忽视学习者创新能力、创新智慧、合作能力等方面发展的问题，强调教学过程回到学习者本身，承认学习者个体差异，强调学习者自我价值的实现，注重依据学习者天性和内在需求开展人才培养。不同学习者在不同智力领域的表现是有差异的，学习者需要在达到一定标准的前提下，找到个体提升的领域，比如，汽车营销专业学生在掌握汽车运行上有特有的兴趣和能力，要支持学习者获取汽车维修等相关的职业技能等级证书；再比如，汽车营销的学习者有表演方面的天赋，要支持学习者通过获取表演相关的技能等级证书，支持其在汽车营销直播等岗位上发展。另外，还要改变教学方式。不同学习者的学习风格不同，职业教育的学习者需要强调具体体验，从操作中去学习，在实训场地、实习场地中去学习，强调整合资源的任务构建比单调的知识学习会更加支持学习者成长。1+X 证书制度下的职业教育人才培养模式需要强化不同学习者的支持体系和制度构建，形成跨领域、复合性、层次交错的多元体系，支持不同基础、风格、能力倾向的学习者找到适合自身的发展方式。

3. 拓展发展路径，支持培养方法的灵活多样与选择差异

1+X 证书制度给职业教育人才培养模式提供的核心思想就是灵活性，体现为学习者学习场所选择的灵活、学习内容组合的灵活、学习评价体系的多元构建。在学习场所选择上，1+X 证书制度支持社会培训评价组织的参与，支持企业参与职业技能等级证书的培训，支持学校在承担学历教育的同时面向社会开展技能等级证书的培训，这有助于拓展学习者的学习通道，扩大了学习者知识的来源。在学习内容上，职业学历教育强调职业技能等级标准的融入，强调与社会接轨的知识、技能和能力的融入，强调职业素养的建构。同时，由于 1+X 证书制度支持学习者灵活选择模块，开展基于模块的技能等级考核，学习者可以跨专

业、跨专业群甚至是跨专业领域开展学习，也可以跨层次学习。在学习评价体系的构建上，1+X 证书制度不仅支持学历教育强化职业技能等级证书，实现毕业证书与职业技能等级证书的实质等效，同时也支持企业等参与职业教育和职业技能等级证书的评价，并且评价对象也从传统的职业教育学生拓展为职业教育的所有参与者，这种转变增强了职业教育系统的灵活性。因此，职业教育人才培养模式需要强调参与方式的灵活性、学习成果认证与转换的灵活性、基本学制的灵活性等，同时还需要从学习场所、学习内容、学习资源等方面全面支持学习者自主开展学习，支持更多的校企合作伙伴，开发更多的学习实习基地，拓展学习者的学习场所和发展路径。

4. 摆脱“纸笔评价桎梏”，引导教学过程关注职业复杂任务

教育受评价标准的引导，也受评价方式的引导。目前，我国职业教育还未摆脱“纸笔评价桎梏”，也就是评价方式上没有摆脱传统的路径依赖，难以真正评价学习者的技能水平。1+X 证书制度将评价标准定为学习者的技能层次，是按照典型任务为评价目标开展的学习者技能获取层次上的评价，传统的“纸笔评价”在一定程度上会出现松动，在近期开展的技能等级证书试点过程中，遴选试点组织的条件设置了“工位、设备”等方面的要求，说明越来越多的职业技能等级证书考核开始引入能力评价模式。这就要求职业教育人才培养过程中要关注整合性的任务，需要教师在教学内容选择上，对接企业新技术、新工业、新流程所形成的真实任务；在方式的选择上，对接企业生产所面对的复杂真实任务，按照任务组织、设计、开展和评价的方式，对学习者能力形成过程性的锻炼；支持学习者协同学习共同体，整合各类资源，完成学习任务，将 1+X 所需要的复合型人才培养落实在教育教学过程中。

（二）1+X 证书制度下职业教育人才培养模式的创新路径

1. 凸显学习者的主体性地位，重塑人才培养目标

学习者的主体性地位体现在教育教学的各个方面，但核心是人才培养目标的树立。首先，要将职业教育人才培养目标定位为人的全面发展，职业院校的所有元素和环境都需要围绕学习者健康、全面发展来开展，需要按照学习者的需要确定学校的办学定位和特色，按照专业领域相关技能的形成建设院系和专业，开展校企合作，完成教学建设，让学习者自身感知价值、地位，进而支持其投入更多的智力和精力。其次，要将培养目标定位为培养全面发展的人。从职业教育的角度看，培养全面发展的人的定位，实质是学习者在知识、技能、能力与职业态度上获得更全面、更充分、更自由的发展，将学习者作为一个完整的个体来支持，使学习者的技能成长和自然生命、社会关系、心理健康等全面联系起来，以此来定位课程体系建设和内容设计，以及形成后续的人才培养路径、方法和评价。最后，要强调复合型人才的成长特性，将“个性”与“自由”置于人才培养目标的核心。新时代 1+X 证书的价值，是支持学习者“个性”和“自由”发展，进而成为“创新”“协同”等体现复合型人才

价值的人。

2. 突出学习者复合型能力的人才培养整体思路

从知识逻辑讲，复合型人才的知识结构是跨领域的，既有专业方面的宽基础，又有特定领域的高层次，是一个“倒 T”形态，能满足智能化生产过程中的去分工化，是集技术理论和技能操作于一体的人才。从专业逻辑讲，复合型人才不仅需要注重专业技能，还需要考量与人沟通的能力、问题解决能力、理解和执行能力等，其形成不仅是学习者在学历教育阶段的结果，更是按照终身学习的逻辑，形成“整段 + 分散”的学习通道。从社会角度讲，学习者适应社会，不仅是技术技能与社会需求的对接，人的道德品性、法律观念、人际交往等也都需要与社会对接。因此，1+X 证书制度下的人才培养模式要从课程结构、学习途径、学习方法、学习评价等多方面实现宽领域性、选择灵活性、评价多样性，支持学习者通过弹性学制开展学习、形成多样态能力结构、促进多重跨越性（比如低层次的学习者获取高层次的技能等级证书），构建复合型人才成长的创新框架。

3. 按照 1+X 证书制度的逻辑重构职业教育课程体系

人才培养模式的落实，体现在以课程体系为核心的支撑性因素上，学习者灵活性、自由性、主体性都需要课程体系及其相关内容来支持。从课程结构来看，支持复合型人才成长需要深化基础课程的内涵、强调专业核心课程技能结构、拓展和优化课程选修体系。首先，强化以“体验”为核心的基础课程，实现实践取向的基础课程改革。强调体验，就是需要课程内容建构以学习者为中心，按照学习者主动构建的模式，重构课程标准、课程内容和课程评价，形成一体化课程方案。其次，解构“理论”与“实践”分离的专业课程设置，按照岗位任务转化学习任务的模式，整合理论与实践的需求。最后，要提供广视角和深层次相结合的选修课程体系。复合型人才对于课程体系的需求是选择的灵活性和组合空间的多样性。选择的灵活性是指从横向层面上学校为职业教育学习者提供种类多样的课程，尤其是提供跨专业领域的课程和多样态的通用能力课程。组合空间的多样性指的是从纵向层面为学习者提供不同层次的课程，以满足学习者兴趣探索、专业发展和专业深化等不同的学习需求。

4. 强化复合型人才能力养成的教与学过程

1+X 证书制度视野下职业教育人才培养，一方面兼顾学历的专业性和实践性，满足学习者当前的需求；另一方面强调技能的复合性，考虑长期发展和跨界的需求，不仅需要教育内容上的调整和适应，也需要强调教与学过程的支持。

首先，在教学组织上，要形成分层和分群结合的组织策略。复合型人才能力养成需要积极创造促进潜能发挥的学习环境，职业技能的学习过程需要通过更多的体验性活动，在复杂的真实任务环境中去获取能力，这种能力的获取过程中，自我探索和同伴交互的重要性甚至超过教师的指导。因此，将水平大致相当、志趣大体相投的学习者聚合在一起开展教学活动，能有效实现学习者潜能的发展，是落实复合型人才培养逻辑的重要举措。

其次，在教学模式中，强调基础能力和专业能力结合。脱离通识教育容易导致学习者游离在教学之外，与基础能力相关的通识能力培养需要与专业课程相结合，比如思想品德、协同能力、创新创业能力的培养，需要融入专业课程的学习过程中，通过形式创新、途径创新提升育人效益。

再次，在学习活动设计中，强调理论和实践技能交融性学习，按照真实任务的模式开展学习活动设计，通过学习活动的重新设计，使整个教学过程既有理论支撑，也有实践过程，使理论和实践较好地通过学习活动整合在一起，支持复合型人才的培养。

最后，要改变评价体系。按照 1+X 证书制度设计的逻辑，评价体系不仅要在标准上突破“知识本位”的评价观，彻底转向“能力本位”，同时还必须改变单一的“纸笔评价”范式，转向以评价技能为手段、多种数据整合为基础的评价，同时注重从学习者学习过程性的数据开展评价，将评价过程和结果及时反馈，以促进教与学的成效。

5. 夯实 1+X 证书制度下人才培养模式实践的支持性条件

学习者技能形成的支持性条件是人才培养模式的重要保障。1+X 证书制度蕴含了多种支持性条件的内容。首先，从办学层面来讲，学校需要强化校企合作育人机制，加大实训条件建设等物质支持力度，搭建教师技能指导的发展平台，拓展学习者全面发展的物质文化基础和条件。校企合作育人是职业教育人才培养模式中教与学过程中的核心特征，也是职业教育教与学追求的目标。校企合作涉及多方面，从学校层面来说，包括平台、制度上的支持，如支持 1+X 证书制度培训所需要的实习基地的建设。教师在 1+X 证书制度下面临的最大的挑战是技能培训和教学过程的融合，考量教师面对真实任务的指导能力和对学生学习活动进行设计的能力，对教学过程中出现的新的实施要求，需要学校层面给予系统性的制度支持。实训条件指的是 1+X 证书制度强调真实任务的应用，全面发展涉及各类资源的协同，比如“能力为本”在学校文化的融入。其次，从办学院系来讲，需要开展探索技能等级证书融入课程体系、教学过程和评价标准的工作，将校企合作带来的课程结构调整、教学内容调整、资源建设支持等落实下来，同时调整师资培养机制，支持教师参与技能层面的提升等。最后，探索多种类型的资源共建共享模式。职业院校要有意识地拓宽、扩大资源面，尤其是通过工作过程系统化的方法，通过区域共建、线上共享等多种模式，建设模块化的资源，丰富资源的层次性和覆盖面，支持学习者进行多形态的组合，形成多类别组合，支持学习者复合型能力的形成。

6. 稳步推进职业教育开放入学和加快实现学分转换

首先，尽快建立国家资历框架或职业教育资历框架，按照资历框架所规定的知识、技能和能力要求，开展资历的评审制度，支持具备不同层级能力的学习者参与相应层次学历教育，破解工作场所学习、生活场所学习等学习成果得不到承认的问题，为职业教育的开放入学打下基础。其次，尽快依托学分银行体系，开展学分转换工作，将学分转换落实到实践中，支持学习者按照不断提升层次的方式开展学习，提升学习者的整体素质。最后，丰富职业教育学习者的参与模式。学习者可以通过学历教育，获取职业学历，再获取职业技能等级证书；可以通过多个职业技能等级证书，以补充学习基础教育课程的形式获取学历证书，实现培训组织与职业学院、学历教育与非学历教育的融合，实现职业教育终身化。

第三节 1+X 证书制度下职业院校文化创意人才培养模式优化

一、文化创意产业

文化创意产业是指以文化为核心，以创意为动力，以知识为资源，以技术为手段，以市场为导向，以满足人们精神和文化需求为目的，产生经济效益和社会效益的产业。文化创意产业包括文化遗产、艺术、媒体、设计、广告、软件、游戏、动漫、影视、音乐、出版、教育、旅游等领域，是当代经济社会发展的重要驱动力和增长点。文化创意产业的发展具有以下特点。

（一）高附加值

文化创意产业的附加值主要来自创意的价值，而不是物质的价值。创意是无形的、不可复制的、不可替代的，因此具有稀缺性和独特性，能够为产品或服务赋予更高的价值。例如，一个普通的杯子，如果加上一些有趣的图案或文字，就能成为一件文化创意产品，其价格和利润也会相应提高。

（二）高创新性

文化创意产业的创新性体现在两个方面：一是内容创新，即不断开发新的文化主题、形式、风格、表现手法等，以满足人们多样化的文化需求和审美趣味；二是模式创新，即不断探索新的生产、传播、消费、管理等方式，以提高文化创意产品或服务的效率和效果。例如，近年来，国内出现了许多新型的文化创意企业，如知乎、抖音、网易云音乐等，它们通过互联网、移动端、社交媒体等平台，为用户提供了丰富的文化内容和互动体验，创造了巨大的社会影响和经济价值。

（三）高融合性

文化创意产业的融合性体现在两个方面：一是跨领域融合，即文化创意产业与其他产业之间的相互渗透、交叉、融合，形成新的产业形态和商业模式；二是跨文化融合，即文化创意产业与不同地域、民族、国家文化之间的相互借鉴、融合、创新，形成新的文化风貌和文化品牌。例如，国内的动漫、游戏、影视等文化创意产业，不仅与教育、旅游、体育、医疗等产业产生了深度的融合，也与一些国家的文化产生了广泛的交流和合作，打造了一批具有国际影响力的文化创意产品和服务。

（四）高普惠性

文化创意产业的普惠性体现在两个方面：一是普及性，即文化创意产业能够覆盖广泛的人群，满足不同层次、不同年龄、不同兴趣的人们的文化需求和消费欲望；二是参与性，即文化创意产业能够激发人们的创造力和表达力，让人们成为文化的创造者、传播者、享受者，而不仅仅是文化的接受者、观众、消费者。例如，国内的短视频、直播、UGC 等文化创意产业，不仅为人们提供了丰富的文化内容和娱乐方式，也为人们提供了展示自我、分享经验、互动交流、赚取收入等机会，促进了文化的民主化和多元化。

二、文化创意人才

文化创意人才是指从事文化创意产业的专业人员，具有较高的文化素养、创意能力、专业技能、市场意识和团队协作能力，能够创造出有价值、有特色、有影响力的文化创意产品和服务的人才。文化创意人才是文化创意产业的核心资源和竞争力，是推动文化创意产业发展的关键因素。文化创意人才的培养需要以下几个方面的支持。

（一）教育体制

建立以证书制度为主导的教育体制，以学历教育、职业教育、继续教育、社会教育等多种形式，提供灵活的学习路径和多元的学习方式，满足文化创意人才的不同需求和水平，提高文化创意人才的学习效率和就业竞争力。

（二）教育内容

更新和优化教育内容，以文化为基础，以创意为核心，以技术为支撑，以市场为导向，以实践为重点，培养文化创意人才的综合素质和专业能力，增强文化创意人才的创新意识和创造力。

（三）教育方法

改革和创新教育方法，以学生为主体，以教师为引导，以项目为载体，以合作为方式，以评价为反馈，构建开放的学习环境和互动的学习过程，激发文化创意人才的学习兴趣和学习动力，提升文化创意人才的学习能力和学习成果。

（四）教育资源

整合和利用教育资源，以校企合作为桥梁，以社会需求为导向，以产业发展为依托，以政策支持为保障，打造有利于文化创意人才培养的教育生态，促进文化创意人才的教育质量和教育效益。

三、证书制度在文化创意人才培养中的作用

（一）培养模式与课程设置

证书制度的核心是能力，而能力是指个体在特定领域或岗位上所具备的知识、技能、态度和价值观等综合素质。证书制度要求职业院校根据产业和岗位的能力需求，制定相应的能力标准和考核内容，设计合理的培养方案和课程体系，实施有效的教学和评价方法，使学生在学习过程中不断提升自己的能力，并通过考核获得相应的证书。

1. 灵活性

证书制度允许学生根据自己的兴趣、特长和发展目标，选择不同的能力模块和证书等级，进行个性化和多元化的学习。证书制度也鼓励学生在不同的学习场景和平台，如校内、校外、线上、线下等，进行多样化和混合式的学习。证书制度的灵活性可以增加学生的学习动机和主动性，提高学习的效果和效率。

2. 实践性

证书制度强调学生的实践能力，要求学生在学习过程中，不仅掌握理论知识，而且能够运用知识解决实际问题，创造新的价值。证书制度也注重学生的创新能力，要求学生在学习过程中，不仅模仿和复制现有的作品，而且能够创造和表达自己的想法，形成自己的风格。证书制度的实践性可以培养学生的动手能力和创造力，提升学生的专业水平和个人魅力。

3. 开放性

证书制度倡导学生的终身学习，要求学生在学习过程中，不仅满足当前的能力要求，而且能够不断更新和拓展自己的能力，以适应未来的发展变化。证书制度也促进学生的跨界学习，要求学生在学习过程中，不仅深入掌握自己的专业领域，而且能够跨越学科和行业的界限，进行跨领域和跨文化的交流与合作。证书制度的开放性可以拓宽学生的视野和

思维，增强学生的适应力和竞争力。

（二）行业认可度与就业影响

证书制度的目的是提高职业院校文化创意人才的质量和水平，使其能够更好地满足产业和社会的需求。证书制度的实施，可以提高职业院校文化创意人才的行业认可度和就业影响，具体表现在以下几个方面。

1. 规范性

证书制度是一种由权威机构或组织颁发的，具有法律效力的，能够证明个体在某一领域或岗位上所具备的能力水平的证明文件。证书制度可以规范职业院校文化创意人才的培养和评价标准，使其与产业和社会的需求保持一致，提高人才的质量和水平。证书制度也可以规范职业院校文化创意人才的就业和发展路径，使其与市场和机会相匹配，提高人才的效益和价值。

2. 信任性

证书制度是一种由第三方机构或组织进行的，具有客观性和公正性的，能够反映个体在某一领域或岗位上所表现出的能力水平的评价结果。证书制度可以增加职业院校文化创意人才的信任度和信誉度，使其能够更容易地获得产业和社会的认可和尊重，提高人才的地位和声望。证书制度也可以增加职业院校文化创意人才的信心和自豪感，使其能够更积极地展示和发挥自己的能力，提高人才的幸福和满意度。

3. 流动性

证书制度是一种具有国际性和通用性的，能够在不同的地区和国家，不同的行业和领域，不同的组织和机构，不同的岗位和职业，进行互认和转换的能力证明。证书制度可以提高职业院校文化创意人才的流动性和灵活性，使其能够更自由地选择和变换自己的学习和工作环境，提高人才的机会和选择。证书制度也可以提高职业院校文化创意人才的多元性和包容性，使其能够更广泛地参与和融入不同的文化和社会，提高人才的交流和合作。

四、案例分析：文化创意人才培养模式

（一）典型案例介绍

在职业教育体系中，有一些职业院校采用了1+X 证书制度下的文化创意人才培养模式，取得了较好的效果。1+X 证书制度下的文化创意人才培养模式是指，职业院校在培养学生的基础技能和专业技能的同时，引入了国内外认可的文化创意相关的证书考试，鼓励和指导学生参加证书考试，以提高学生的专业水平和就业竞争力。这种模式的特点是，一方面，职业院校与证书考试机构建立了合作关系，将证书考试的内容和标准与教学计划和教学内

容相结合，使学生在学习过程中就能够掌握证书考试所需的知识和技能；另一方面，职业院校为学生提供了证书考试的报名、培训、考试等一站式服务，降低了学生参加证书考试的成本和难度，提高了学生参加证书考试的积极性和通过率。

例如：青岛电影学院的前身为2011年创办的北京电影学院现代创意媒体学院，主要培养影视动画、游戏设计、数字媒体等方向的文化创意人才。该学院采用了1+X证书制度下的文化创意人才培养模式，为学生提供了多种国际认可的证书考试，如Adobe认证专家、Autodesk认证专家、Unity认证开发者等。这些证书考试不仅与学院的教学计划和教学内容相契合，而且与文化创意产业的需求和发展趋势相符合，能够有效提升学生的专业素养和国际视野，增加学生的就业机会和发展空间。

（二）模式分析与启示

1+X证书制度下的文化创意人才培养模式，是一种符合职业教育特点和文化创意产业特征的人才培养模式，具有以下优势。

一是能够提高职业院校的教学质量和水平。通过引入国内外认可的证书考试，职业院校可以借鉴和参考证书考试的内容和标准，完善和优化教学计划和教学内容，提高教学的针对性和实效性，促进教师的教学改革和创新，激发学生的学习兴趣和动力，提升学生的知识掌握和技能运用，从而提高职业院校的教学质量和水平。

二是能够增强职业院校的社会影响和认可度。通过与国内外知名的证书考试机构建立合作关系，职业院校可以扩大自己的社会资源和网络，提升自己的社会声誉和形象，增加自己的社会影响和认可度。同时，通过为学生提供证书考试的一站式服务，职业院校可以增加自己的服务价值和吸引力，吸引更多的优秀学生和教师，提高自己的办学规模和水平。

三是能够促进职业院校与文化创意产业的对接和合作。通过选择与文化创意产业相关的证书考试，职业院校可以及时了解和把握文化创意产业的需求和发展趋势，调整和更新自己的教学内容和方向，培养符合产业需求的文化创意人才。同时，通过让学生获得国内外认可的证书，职业院校可以为学生提供更多的就业渠道和机会，为文化创意产业输送更多的优秀人才，从而促进职业院校与文化创意产业的对接和合作。

1+X证书制度下的文化创意人才培养模式，也有一些需要注意和改进的地方。

一是要合理选择和配置证书考试。职业院校在引入证书考试时，要根据自己的办学特色和目标，以及文化创意产业的需求和发展，合理选择和配置证书考试，避免盲目跟风或一刀切，造成资源浪费或教学失衡。职业院校要根据不同的证书考试的内容和难度，制订相应的教学计划和教学方法，确保学生能够有效地学习和备考，提高证书考试的通过率和质量。

二是要平衡证书考试与教学内容的关系。职业院校在引入证书考试时，要注意保持证书考试与教学内容的一致性和协调性，避免出现证书考试与教学内容的脱节或冲突，影响教学的连贯性和完整性。职业院校要根据证书考试的要求，合理安排教学时间和教学资源，确保学生能够充分地学习和掌握教学内容，同时也能够有足够的时间和精力准备证书考试，避免出现教学和考试的负面互动或相互干扰。

三是要加强证书考试的管理和监督。职业院校在引入证书考试时，要建立和完善证书考试的管理和监督机制，确保证书考试的公平和规范，防止出现证书考试的作弊或舞弊现象，维护证书考试的权威和信誉。职业院校要与证书考试机构密切沟通和协作，及时了解和反馈证书考试的情况和问题，及时调整和改进证书考试的服务和指导，提高证书考试的效率和质量。

1+X 证书制度下的文化创意人才培养模式，是一种适应文化创意产业发展和职业教育特点的人才培养模式，具有一定的优势和价值，但也存在一些需要注意和改进的地方。职业院校在采用这种模式时，要根据自己的实际情况和目标，合理选择和配置证书考试，平衡证书考试与教学内容的关系，加强证书考试的管理和监督，以期达到最佳的人才培养效果。

第六章 1+X 证书制度下职业院校人才培养质量评价

第一节 1+X 证书制度下职业院校人才培养质量评价理论

一、1+X 证书制度下职业院校人才培养质量评价的核心概念界定

（一）1+X 证书制度

1+X 证书制度的目标任务主要是围绕服务国家的需要，满足市场的需求，提高学生就业能力。其从全国选择了10个国家经济发展需要的专业领域，开展证书的培训与改革，运用社会择优选择的原则来招募培训评估机构，开发了一系列的专业技术水平证书。

“1”与“X”的关系是相对独立又互为一体的。相互独立指的是1+X 不是一个证书，而是两种证书的结合。“1”是指学历证书，“X”是多个技能等级证书。互为一体意味着1+X 是一个完整的整体，有统一的教育目标，“1”和“X”是不可分割的。“1”是根本，具有揭示事物的本质的同等作用，解决的是德、智、体、美、劳全面发展，包括理论知识与技能知识的学习，为学生的进一步发展打下牢固的基础，为学生的技能发展提供理论支持；“X”是补充，具有促进学生技能提升的作用，丰富学生的知识，拓宽学生的视野，增强技能水平。

1+X 证书制度与“双证书”制度既有区别又有联系。“双证书”制度与1+X 证书制度的区

别在于：①概念不同。“双证书”制度是学历证书＋职业资格证书，1+X 证书制度是学历证书＋多项职业技能等级证书。②证书的开发和颁发机构不同。双证书的开发主体按照国家职业技能标准，由政府机构进行评估并出具合格证书，“1+X 证书”制度由专门的机构（培训评价组织）开发和颁发合格证书等一系列的工作，在人力资源和社会保障行政部门、教育行政部门的指导和监督下进行。③定位不同。在“双证书”制度下，国家职业资格证书主要用于职业领域，而“1+X 证书”制度考虑了学校职业教育的特点和需要，这有利于学生的人才培养质量评价，职业院校与企业社会结合，职业教育与社会生产紧密结合。两者之间的联系在于“双证书”制度为“1+X 证书”制度提供了实践依据，“1+X 证书”制度是对“双证书”制度的继承和发展。

（二）人才培养质量

学生培养质量是在一定的社会条件下，符合教育活动存在的规律，符合本学科本身存在的行为条件，经过教育培训，学生可以满足社会发展和加强自身素质的变化状态。大多数学者将人才培养质量解释为教育机构培养的人才满足学生个人发展和社会发展需求的程度。人才培养质量的程度的高低是由一个特定的教育模式开展的，满足社会需求、体现个人的发展状况。促进学生的身心发展在既定的社会条件下达到职业院校制定的目标，促进本区域经济的发展。“质量”一般对应于数量，是评价对象的接受者。质量标准是赋予质量一定的内涵，给予一定的价值尺度。当人们把质量看作衡量事物的标准时，这时给予质量一定的指标，就有了关于质量的概念，拿着一把尺子去检测学生学习的效果。因此，职业教育人才培养质量是对职业教育人才培养水平和效果的衡量和评价。职业院校提高人才培养质量，就是考量职业学生对社会的适应能力，考量人才培养最终的结果，学生取得的进步与培养目标是不是一致的。

人才培养质量主要包含素质、知识与技能三个维度，“素质”包括了身心素质、道德素质；知识包含了公共基础知识与专业基础知识，“技能”包括了多种认知技能、多种实践技能与解决实践问题的能力。总而言之，职业院校人才培养质量就是指人们对职业院校进行的人才培养活动所达到的效果和期望值的反映。

（三）职业院校人才培养质量评价

教育评价是一种判断教育活动满足社会和个人需要程度的活动。它是为了实现教育价值的增值而对教育活动的现实价值或潜在价值进行判断的过程，人才培养评价是人才培养的最后一个环节，是判断人才培训活动成败的一个环节。人才培养评价是指按照一定的标准，收集人才培训过程的各种信息，对培训过程的人的质量进行客观的衡量，并对人才培养活动的过程进行全面监控。

综上所述，职业院校主要是学生的职业素养进行提升。特别是综合的职业能力的培养和训练，那么职业院校人才培养质量评价的概念是对职业院校人才培养活动的质量与效果所作出的客观衡量和价值判断，人才培养评价主要包含评价主体、评价内容、评价方法三个范畴。

二、1+X 证书制度下职业院校人才培养质量评价的理论基础

我国职业教育已进入快速发展的新阶段，十分注重人才培养质量的提升，并重视对职业学生的评价。所以，人才培养评价作为提高人才培养质量的重要一环应该随着职业教育的发展发生转变。

(一)第四代评价理论及其启示

评价的含义是把要评价的事物给予一定的内涵，贴上个人意识中的价值标签，它的本质上是一种心理建设，是一种主观的行为，评价所代表的不是事物的真实状态，而是参与者对评价对象的主观认识，是通过互相商量达成的“共同心理建构”。第四代评价理论前面还有三代评价，它是有发展基础的，不是随意产生的。第一代评价理论强调客观的测量工具，由美国教育心理学家桑代克(Thorndike)提出，他较为完整地介绍了统计方法在测量中的应用和评估的基本方式与方法。这时，教育评价主要是通过测验量表来测试评价学生的心理状态与技能，追求评价结果的数量化与客观性。第二代评价理论强调目标的达成度，重点是对进行的教育活动的测验结果作出正确的表达，判定教育目标是否达成原定的状态。第二代评价理论指出：评价不是为了评价去作出评价，还要为了达到教育既定状态作出一定评价，评价者不仅仅是评价中的考核者，还要确定教育目标与达成的教育结果是否一致。第三代评价理论强调用一定的准则作出相应的评价判断。第三代评价盛行于20世纪中期，其对第二代评价理论主要观点进行了纠正，认为评价者不应该只关注教育的目标，而应该用一定的标准作出衡量与判断，以利于教育结果达到教育目标。

第四代评价理论主要观点如下：①回应是第四代评价理论的起点。第四代评价打破了之前具有管理倾向的评价模式，形成了各方通过协商后进行评价的模式，认为评价的起点是对学校、职业院校与其他评价组织各方的利益表达，应该考虑多方主体的利益。②共建是第四代评价的实质。第四代评价不是客观存在的产物，是学校、政府、社会各方利益主体的意愿表达，是一种人与对象在互动中形成的一种“心理建设”，因此第四代评价认为评价是主观的，随着意识变化的，它本质上是一种心理状态，通过心理意识不断加工形成的，评价的最终结果是评价者对评价对象的看法。③协商是共同建设的途径。评估是一个涉及所有利益相关者繁复的过程。为了使参与评价的所有利益相关者形成一致，有必要在评价中吸取各个方面的意见。

第四代评价理论研究的启示：从评价主体的角度来看，第四代评价的观点是“相关利

益者全部参与评价”，评价主体不仅包括“评价的制定者和组织者”，同时也包括被测评一方以及其他相关组织。让学校本身的评价与外部监督评价结合起来，改掉以往自上而下的不对等的关系，使得评价主体与被评价者达到一种平等的关系。“1+X 证书”制度下的职业院校人才培养质量评价运用这一理念，将打破政府主导的评价方式。在评估活动之前，评估人员需要确定主要的参与者，职业教育的利益相关者应有社会、行业企业、学校、教师、学生和家长。学生在职业院校学习，获得成熟的知识，练就一身本领，提升自身的专业技能，促进本区域以及社会经济发展的同时实现个人的价值。利益相关者实际上是评价主体与被评价者，利益关系越大，实施评价的一方地位越重要。学生是实施人才培养评价的最大受益者，但是最终都会以回报社会的形式体现出来，企业和行业将会相应受益。所以，他们有权利参与评估的整个过程。

从评价内容的角度来看，“第四代评价”的提出提高了学生的综合职业能力，加强了校企合作。学生在企业和学校这两个场地交替学习，使学习阶段变得更加繁杂。我们进入企业后，单位往往不会重视我们在学校取得的学业成绩，其仅仅是一个参考，单位往往看重的是员工的综合素质，比如交流识别能力，任务完成情况以及解决实际问题的能力。以至于学校与企业进行深度融合，这样才可以对学生的学习状况形成准确评价。校企合作处于较低的水平层面，目前，开始研究学校和企业共同协商研制人才培养计划，共同研究讨论课程内容开发，在学生学习过程评价方面至今没有做好。而在校企合作达到一种很高的程度之后，企业一定会在微观层面参与教学评价。学校与企业共同评价学生的学习效果，使学校培养的人才符合企业的岗位要求，这是校企合作进行下一步发展的目标。因此，迫切需要建立一套校企共建的综合学习评价体系。

从评价方法的角度来看，第四代评价提出了“回应—谈判—共识”的构建方法，意思是在自然的环境模式下，多元评价主体和被评价者应通过持续的辩论和谈判来达成共识，不能是如同原来的评价存在主导性的评价方法，应该多元主体参与共同达成一致的评价方法。“1+X 证书”制度下职业院校人才培养质量评价强调评价方式方法的多样性，在评价方法上，注重把文本理论分析与数据分析两方面结合起来，最终以学分的形式呈现评价结果。第四代评价法是通过商议形成一致意见的，为所有利益相关者陈述观点、发表意见的评价方法。其尊重多种价值取向，可以为被评价者提供多种参考的信息。由于评价的最后公示的结果会受到评价过程中采用的方法的影响。因此，不同的评价方式在实施评价的不同阶段会达到不同的效果，并使其优势得到充分发挥。如果评估的目的仅仅是为了实现教育部门设定的某个标准，那么定量方法就发挥了更重要的作用。如果评价的目的是发现职业院校自身所存在的问题，那么定性方法就发挥了更重要的作用。评估不是一个短期的活动，而是一个长期持续的过程。

（二）素质教育理论及启示

素质教育理论是根据社会发展的需要提出的，也符合个人发展的要求。素质教育不仅是基础教育的目标，而且贯穿于学前教育教学、职业教育教学、成人教育教学的完整进程中，素质教育的提出使得我们在对学生进行考核评价、教师授课的课程内容与教材进行改革以及师资队伍改进方面进行了大调整。

素质教育理论主要观点如下：①以学生为本，尊重学生，把学生放在第一位。我们应该把学生看成有创造性、能动性的人，他们是有思想的，他们是知识的主人，不仅仅限于接受老师的知识。所以，素质教育重在发展学生的潜在素质，锻炼学生的各种能力，如学习与创新，让职业学生形成自主学习的良好习惯，引导在校学生独立人格素养的养成，使学生自信地成长。②提供全面发展的教育。素质教育提倡的全面发展并不是每个人都要做到一致，并不是对所有的学生有统一的标准，而是允许有优势、有个性地发展。在学生学习的整个阶段，允许每个学生发展不同的气质与爱好，教师要学会观察学生，发现学生的长处与优势，用学生的优势带动学生的成长，弥补学生的不足之处，使得学生在班集体中可以个性地全面发展，这样的班级才算促进学生成长的班集体。学生是动态的、发展的人，永恒的发展是物质世界的本质，也是人类生活的本质。③强调学生的终身发展素质。素质教育要求教育从基础教育扩大到各级各类教育，这就给予了素质教育终身学习的内涵。素质教育提倡不断地学习，活到老，学到老，学习具有连贯性，以前所学的知识一定是后面学习的基础。学习具有广泛性，学习与社会生活密切相关，不管是书本知识还是社会经验都是我们终身学习的内容。

素质教育理论的启示：①素质教育提倡个性的全面发展。“1+X 证书”制度下职业院校人才培养质量评价的内容坚持全面发展原则，包括“素质”（心理素质、道德素质、知识修养）、“技能”（多种技能）、“能力”（运用知识、解决实际问题的能力）。职业教育的本质是让职业院校的每一位学生进入学校后获得进步，不过问学生从前的成绩，提高学生技能水平，培养工匠型人才，引导职业学生找回由内而外的自信，让学生找到学习的乐趣，不仅仅让学生获得一门技能，在整合课程资源的条件下，培养学生获得多种技能，满足企业发展的需求。同时，也要增强学生的创新能力，增长本领，能够解决更加复杂的技术问题。②素质教育理论提出学生是发展的人，要关注终身发展。“1+X 证书”制度背景下对学生提出的要求是培养“多技能”的人才。当今时代的科学成果大多都是多种技能与多种学科理论运用的结果，所以“1+X 证书”制度的培养目标正逢其时，符合时代市场发展要求的同时对职业院校学生提出了更高的要求。学生是发展的人，应对社会与市场的发展变化，学生需要落实素质教育理论，树立终身教育思想，不断提升自己，对自身发展提出更高的要求与标准。

（三）多元智能理论及启示

多元智能理论是美国教育心理学家霍华德·加德纳提出的。多元智能理论认为，每个人都有八种智能，智力能力是多元的，包括逻辑——数学智能，语言智能，身体运动智能，感知智能，视觉空间智能，沟通人际智能，音乐智能，自知之明智能，自然的观察智能。

1. 多元智能理论主要观点

（1）人的智力结构复杂

对于传统的智力理论认为我们的智力是一元的，只有一种分类。并且认为一个人的智力很大程度上（虽然不是完全地）由遗传物质决定，绝大多数的人认为先天的，智力很难被改变。而现在很多科学家发现人的智力是复杂的，由多种因素组成的，不是仅仅可以通过纸笔简单测验就能得出结论的。

（2）智能的情境性

为了将智力与特定的社会环境结合起来，一个人的智力结构肯定会受到生活环境的影响。我们获得的经验与本领都是来自不同的社会环境或受到不同的文化熏陶，只是随着时间的流逝，它渐渐转化为我们自己的经验与本领，可以做到学以致用。

2. 多元智能理论的启示

第一，人的智力结构是多元的，每个人的智力结构组合不同，人的智力就会有差异。“1+X证书”制度背景下职业院校培养的人才是高素质复合型技能人才，正因为人的智力能力不是单一的，每个人的智力存在差别，所以，职业院校的学生不应该仅仅学会一门专业，获得一门技能，应该扩展人才培养质量的评价维度。职业院校也不应该强制性规定学生学习某一门专业限制学生的发展，应该根据学生的差异与自身发展选择适合自己的一个或多个专业。所以，复合型技能人才的培养目标不仅是社会发展、科技进步与企业用人单位的要求，而且也要符合职业学生的自身诉求。

第二，智能的情境性，一个人获得的经验与技能需要一定的情境。“1+X 证书”制度要求职业学生获得更多实践操作技能、解决问题的本领，适应岗位的能力，而不仅仅是书本的知识。实践操作、解决问题的能力需要强化学习的情境，让学生走进企业，看得见，摸得着，对特定的学习内容有深入的理解，有进一步的独立思考。

三、“1+X 证书”制度下职业院校人才培养质量评价的分析框架及论证

（一）“1+X 证书”制度下职业院校人才培养质量评价主体：多元与互动

对职业院校人才培养质量进行评价，首先应明确“谁”来评价，也就是职业院校人才培养质量评价的“主体”。在“1+X 证书”制度背景下职业院校人才培养质量评价的主体发生了

改变，政府、企业、职业院校和第三方评价组织都参与评价工作。在“1+X证书”系统的试点计划中，提出“引导社会力量积极参与职业教育和培训”，这直接表明在“1+X证书”制度下对人才培训的评价不仅仅需要教育部门完成，而且还需要多方组织协调进行。

1. 政府将“1+X证书”的实施工作移交给培训评估组织

政府评估是教育行政部门组织的评估，它根据国家建立的评估体系，对学校人员的培训质量进行科学公正的、完整的评估。政府的评估执行力相对较强，由于政府主导型的评价在执行过程中会存在的一些问题，如不能突出学校的办学特色等，所以需要把相关工作下放到企业组织与职业院校相关的教育人员手中，政府主要负责进行督查和规范。

在“1+X证书”制度下，政府要做好职业教育培训的顶层设计，制定优良的工作标准。当前的职业技能等级证书涵盖多个领域，包括电子商务、物流管理、工业机器人、老年服务和管理、智能财税证书等。选择职业技能等级证书的领域还应遵循谨慎态度，开拓必要的领域，并根据提高人员培训质量，关注国家和地区人才需求的原则，新兴产业技术需要提前考虑和培训。职业技能等级证书的开发应着眼于企业技术开发和生产变化的需求，以及职业教育创新和发展的需要，使职业技能等级证书的试行可以有效地改变传统的人才培养计划，这样就能够大大提高职业院校人才培养的质量。

在“1+X证书”制度下，政府要把开发工作下移，任务是要挖掘技能等级证书，以此来指导和督查企业与培训组织。首先，要通过出台政策性文件与相关办法给予资金支持，或以政府购买的形式把证书开发工作转交给具有资格与实力的社会评价机构手中，引导和规范培训评价组织的发展以公益性为主、营利性为辅。其次，逐步完善培训评价组织的遴选与监督，建立培训评价组织的遴选与监督机制。培训评估组织负责职业技能水平证书的标准制定，评估和颁发。其工作的严格性直接关系到人才培训的质量，因此，国务院职业教育部门必须遵循《职业教育培训评价组织遴选与监督管理办法》的有关要求，严格对培训评估机构进行管理，从证书标准制定，教材资源建设到教职工选择，并确保申请材料的真实性。最后，省教育行政部门要指导本地区的工作，激发企业与培训评价组织参与等级证书标准制定、开发的积极性，并解决试点工作中出现的问题。

2. 建立产教融合型企业，保证职业院校人才培养质量

《现代职业教育体系建设规划（2014—2020年）》明确指出，积极引领企业在办学中的重要领导作用。由此可以看出，作为人才培养质量的评价者，企业从社会需求的角度审视了职业教育的工作，成为评估职业教育质量不可或缺的一部分。企业为职业院校提供了强有力的职业标准支持，使人才培养过程紧贴岗位的实际工作。“1+X证书”制度试点方案提出要推动学校建好、用好与企业合办的实训基地，产教融合的实训基地与产教融合型企业的建立，让更多的企业配合职业院校积极参与实施培训同时推动“1+X证书”试点工作的进行。

建立产学结合型企业，应该通过提升生产制造业转型升级的高水平企业为基础，并与

现代农业、新技术、高端制造、电气化技术、AI 智能、芯片设计对接。孵化国家迫切需要的高科技技术产业，如与新能源、新材料相关的研发和设计，电子商务等。这些产业也是在“1+X 证书”系统中开发职业技能证书的优先领域。产教融合企业不是我们谈到的原实体企业，不是一个联系学校提供实习场所，而是在培训基地、学科与教学课程建设和技术研发等方面具有专业的教育教学人员指导和培训学生的场所。在与学校的交流与合作方面，对职业院校人才培养质量的评价以就业为导向，突出能力为基础，课程设计和教学方法，应努力塑造学生优良的职业竞争素养，并贴合相关企业技术岗位的需求。

3. 职业院校深入优化课程，把“1+X 证书”的培训内容规划进人才培养中

我们通常把培育专业人才的职业院校定义为专业人才的直接生产者和提供者。由此可见职业院校对提升职业人才的质量起到了至关重要的作用。学院评估的实质是分析和评估活动，主要目的是尽快地发现存在的弊端，在解决问题的同时让学院学生思考问题的根源所在，调动积极性以此来提高人才培养的质量。“1+X 证书”系统试点的对象是职业院校。职业院校应结合职业技能水平标准与专业教学水平，二者缺一不可。同时把培训证书的内容放入日常的教学内容，并注重学生问题解决能力和创新能力的孵化。

职业院校是为企业输送人才的主体，学校日常的课程和日常的教学内容需要根据社会对人才需求的动态及时更新。一是将日常相关重复的课程进行内容整合再组合，把累赘重复、加重学生负担的知识及时理顺整合。对于学历教育内容趋于饱和的多数专业进行调整，可以适量减少，把技能等级证书的内容融合进来，提高课程设置效率。学生有选择地学习专业技能，可以选择一门、两门或者更多的技能课程。二是更新教学内容。教学活动必须跟上新技术的成长，及时引进学习新兴技术产业的新理论，新知识和新方法，并在现场教学中采用简单的教学模式。三是运用现代教育方法进行教学。职业院校应关注专业建设的要求与技能水平证书相关要求，真正做到从实际培训出发，运用先进的教学方法更好地提高培训素质和能力，在此基础上还可以提高人才培养的适应性和针对性。四是建立一支敢打敢拼、乐于奉献、拥有较高职业精神的教师队伍。《国家职业教育改革实施方案》在具体指标中指出，“双师型”教师是指既具有理论教学能力，同样具有实践教学能力的教师。在新时代，职业院校要求教师具有教师和专职教师两个专业资格，其技术技能必须达到“X 证书”国家考核标准。

4. 完善第三方评价组织的功能，探索职业院校人才培养新的发展模式

第三方评价机构是指教育主管部门和学校以外的专门的社会评估组织。在“1+X 证书”系统中，“培训评估组织”的提出和发展为第三方评估组织的发展带来了机遇，并为社会评估注入了新的力量。培训评估组织的评估内容反映了专业知识和职业技能，并反映了社会与企业以及学生的个人发展方向。评估方法应灵活多样，并加强对完成综合任务能力的评估。评估地点通常应位于考核合格的院校中，评估地点应保密，加强管理，并促进科学化

与标准化的评估工作。

培训评价组织的设立是“教考分离、联合培养”的体现。“教考分离”是学校培训的主体，培训评价组织是考核机构，其在技能评判层面较院校而言更具行业针对性，进而有助于保证和提升考核评价的质量。“联合培养”是指培训评估机构本质是学校和企业合作进行的评估。它将行业和工作标准纳入职业技能水平证书的评估内容，并定期进行教师培训和与学校进行交流，以提高教师教学、培训、评估能力，从而使技能培训的内容更符合实际职位的需求，与此同时也让更多的社会力量有更多机会进入职业教育的建设与构建中。有了一个独立的社会评价机构就可以从客观的角度评估职业教育，并建立一个公平的评价体系和科学指标体系。培训评估机构应接受政府有关部门的宏观监督管理，但不得依赖政府主管部门。在其宏观指导下，用人部门的代表和学生应根据国家的教育指导方针和政策独立进行评估。

职业院校人才培养的质量评价主体三个方面组成，分别是政府、企业、职业院校与第三方评价组织，它们之间还是互相联系，相互影响的。职业技能等级证书由培训评估组织、行业组织、领先企业和职业院校共同开发，并整合了企业标准和教育标准，它是工业和教育以及校企合作的系统集成。职业技能水平证书的考取是由职业院校和学生自主选择的，政府不应该强制学生选择职业技能等级证书的考取。市场认可是职业技能等级证书存在和发展的第一法则。职业技能等级证书的推进与运用是职业院校各利益相关者一起治理的阶段，领导企业深入参与职业技能水平证书的开发是必要条件，它为企业深入参与职业教育提供了话语权，也为企业参与学校教学活动提供了话语权，为校企共同发展提供了具有实际意义的制度载体。在“1+X 证书”系统的背景下实施多种技能证书培训，必须通过政府政策保证，校企合作以及社会评估力量的参与来实现“1”和“X”的整合，以提高人才培训的质量。

（二）“1+X 证书”制度下职业院校人才培养质量评价内容：纵向深化与横向扩展

从纵向深化上看是深基础。“1+X 证书”是一个整体的概念，其培养目标是复合型的人才，复合型人才并不是专业相似就可以任意地堆积，简单地增加相关的技术技能，也不是学生学习各种专业知识并获得各种专业技能，而是需要加强和巩固基础的专业技能，即特定类型工作领域中典型专业职位所需的关键技能和核心素养。对特定专业领域的深入研究是培养复合型人才的关键，而在专业领域内部核心技术深度的增加是形成企业竞争力的关键。对特定专业领域的深入研究表明，专业能力的培养注重基础。目前的就业形势不乐观，职业学生更应提高职业能力，而培养职业院校学生的职业能力更需要我们重点关注基础知识，更要重点关心学生在校基础性的个人能力的培育，为学生的未来就业与个人能力发展奠定扎实的基础。职业教育不是职前培训，因此它不是强调功利主义而忽视素质的短期行动，应将其转变为培养创新和可持续人才的新概念。

从横向延伸上看是宽技能。“1+X 证书”制度绝非仅仅要求学生考取多种技能等级，它的深度实施会带来人才培养模式与人才质量评价的革新以及办学形式的改变。过去实施的“双证书”系统具有广泛的基础和灵活的模块，鼓励学生获得更多的资格证书或者技能证书。然而证书的内容仍然是理论知识或理论应用，最终结果是学生只是获得了一些证书，但这些证书在实际工作中实质性的作用并不大。所以我们不能将双证书系统经过新一轮的翻新就认定是“1+X 证书”制度，实则两者在教育内容上本质上是不同的。双证书制度要求学生获得职业资格证书，在学习教育的基础上叠加考试的专业内容，引入职业资格证书并不会扩大教育内容，而“1+X 证书”制度是当学生完成扎实的学历教育内容后，为了符合企业对复合型技能人才的需要，学生不断地提高自身的技术水平。

在“1+X 证书”制度下，职业院校对人才培养的质量评价有较完整的要求。以培养复合技术技能人才为目标，要求将多种技能水平的发展整合到课程标准中，这些标准扩展了评估内容的维度，学生培训质量的评估内容也指明了职业院校人才的发展方向。“X 等级证书”的推行促进了学生向多种技能和多种职位方向上的发展，并提高了学生的迁移能力，这是职业教育对当代社会进步和企业发展提出的教育要求。“多技能”作为提高技术技能的要求，其中包括邻近的、类似的专业技术技能，与产业链相关的跨专业技术技能。学生具有较大的发展空间，是培养综合思维能力和综合素质的根本。

在学历教育基础上延伸多技能的学习，要掌握多个产业发展的态势，尤其为了让学生能够拥有多项技能的目标为导向，让学生能够拥有具有未来前途的职业技能为基准。这就特别需要职业院校加快把国家规定的职业技能水平标准和职业专业教学水平融合。这样就能较好地对接和服务行业未来的发展，满足我国职业院校创新要求。多技能的人才培养目标体现出学生职业能力培养注重综合性与前瞻性。

现代社会需要的是复合型人才，职业技能的综合水平可以反映出人才的素质。在加速推动素质教育的今天，职业教育也应该顺应时代的潮流，不断地贴近实际的生活需要，不断地推进“基础广泛，模块灵活”的办学特色，培养学生的专业能力要考虑多种职务和相关职业，以确保学生的就业范围和空间更大。科学技术的进步以及社会的发展使职业能力的信息不断发展和变化，生产力的提高不断产生新的领域，新的领域的出现也会同样产生新的岗位。所以每个人在职场中的地位不可能完全一成不变的，随着时间的更替，技能不足的人将会被时代淘汰，所以院校关注培养多领域和多层次的复合型人才已成为职业院校的主要培训任务。当前，对于职业教育而言，受到我国历史教育背景条件下的影响，学生的培养时间有些长，一般是 1 ～ 2 年，毕业后学生在学校所学的知识，所获得的职业能力可能与当前的市场需求不能匹配。因此，学校职业能力的培训要把握好长期与短期之间的关系，具有发展的眼光看待不同职业技术在当今时代的发展。

（三）“1+X 证书”制度下职业院校人才培养质量评价方法：灵活与客观

在“1+X 证书”制度下，职业院校人才培养质量评价主体和评价内容发生了变化。当前，我国对职业院校学生培养质量进行评价大多数采用终结性评价，把学生一次考试取得的成绩看成学生的综合评价。在“1+X 证书”制度下，培养复合型人才需要拓宽职业教育学习内容的选择范围，打破专业与教育体系之间的传统界限，建设“学分银行”使学习成果互认互通。同时第三方评价组织的发展，让越来越多的群众力量参与到其中，以此来提高筛选出具有针对性和有效性评价结果。

1. “1+X 证书”制度下打破了传统的专业与学制界限，评价方法更加多样

职业教育是针对不同行业的教育，不同职业的复杂性则要求学生学习时间的多元化。职业院校的部分专业可以只花费不到一年的时间，而院校设立的有些专业则是需要三年甚至更漫长的时间和精力。但是，目前职业院校人才培养的质量存在突出问题，受到普通教育固定学制的影响。这种办学体制给职业教育人才的培养带来了很大的困难，甚至影响了职业教育发展模式的创新。跨学科技能人才的培养进一步提出了对学校制度多元化的要求。这不仅要求在各级职业教育之间建立更多样化的融合形式，而且还要求建立不同的学校制度，例如四年学制和五年学制。近年来基于这种需求，出现了相应的试点培训模式。通过将“1+X 证书”系统与学分认可系统相结合，可以提高职业教育学校教学的灵活性，并且人才培养质量的评估方法也将变得活跃起来，可以动态地控制学生获得知识与技能的情况。

2. “1+X 证书”制度下通过学分互认，评价方法更加灵活

学校为“1+X 证书”制度所服务的对象建立了职业教育独立学习账户，储存了他们的学习结果，实现了学习结果的可查。学校与第三方评价组织共同完成学生学习成果登记、认定、积累、转换，不管学历教育还是技能培训实现互通，可追溯、可查询，初级、中级、高级技能分别独自设立不一样的学分。凭借大数据精准分析把握学习者的状态，为职业院校人才培养评价提供方法。“学分银行”的核心建设是创新学分认证系统，包括学分来源、识别依据、转换机制、应用开发等，尤其是学分获取方法、流程、内容的标准化。“学分银行”的建设可以为职业教育搭起一座桥梁，让更多的技能人才更好地完善自己，串联起所学的技能知识，为学习下一阶段的知识找到依据，使得对职业院校学生的评价更加客观灵活。

3. 第三方评价组织深入职业院校，评价方法更为客观

第三方评价组织在政府与企业之间、职业院校与企业之间发挥着桥梁纽带的作用，对目前职业院校人才培养质量评价起到重要作用。第三方评估机构并不是政府机构的附属，也不是学校的上级与下级之间的关系。它是相对自主的，是连接政府、企业和职业学院的重要方式，其评估将更加客观和公正。第三方评价组织负责指导和督促职业院校和企业，积极接受专家评委对职业院校不同专业人才培养质量给予的评价与意见，通过指导、督促职业院校和企业证书培训的全过程，提高并保证技能等级证书的含金量和社会认可度，有

力推动职业院校的“1+X 证书”制度实施。

（四）“1+X 证书”制度下职业院校人才培养质量评价分析论证

“1+X 证书”制度下职业院校人才培养质量评价分析标准，主要包括“1+X 证书”制度下职业院校人才培养质量评价主体、评价内容和评价方法三个维度。

关于“1+X 证书”制度下职业院校人才培养质量评价的三个分析标准可以清晰、明确地反映出“1+X 证书”制度背景下，对职业院校人才培养质量评价带来的变化。在“1+X 证书”制度下对职业院校人才培养质量进行评价，首先应明确“评价主体”有哪些，也就是研究由“谁”对职业院校人才培养质量进行评价的问题。其次应探讨“评价内容”的问题，也就是研究由对职业院校人才培养质量进行评价“什么”的问题，明确“1+X 证书”制度下拓宽了哪些人才培养质量评价内容的维度。最后探讨“评价方法”的问题，也就是研究职业院校人才培养质量“怎样”评价的问题，明确“1+X 证书”制度下对职业院校人才培养质量的评价方法产生什么影响。

在“1+X 证书”制度下，职业院校及相关考核单位将全面整合学历教育考核和职业技能水平考核。将技能水平评估纳入日常人才培训过程中，将职业技能培训与人才培训目标要求相结合，加强过程评估以及着重加强实践技能评估，建立由第三方参与的多元化评估体系，以及继续进行评估反馈，指引学生积极参与技能学习，提高人才培养质量。第一，从“1+X 证书”制度下对职业院校人才培养质量评价的主体来看，政府对学校的发展具有主导作用。在“强政府，弱社会”的现实环境中，政府评价更为重要，但不能满足学生的个体发展和社会需求。所以，在“1+X 证书”制度下要弱化政府的评价作用，改变政府无所不包的管理方式。公司（用人单位）要接受职业教育的特殊需要，职业教育的直接目的是满足公司企业的需求。企业对于职业院校学生的评价更有针对性，更直接；第三方评价组织把职业院校人才培养的质量与实际的职业岗位适应能力以及职业素养相结合，评价更为客观。因此，目前对人才培养的评价机制除了政府教育行政部门、学校本身的作用，职业院校同样也需要公司、第三方评价组织等社会力量的参与。第二，从“1+X 证书”制度下，对职业院校人才培养质量评价的内容来看，“1+X 证书”制度侧重于多技能人才的培养和多元知识素养的培养。对于技能型人才的培养，不能限制在一个学科上，所以要求根据社会对专业人才的需求，把专业知识内容相似和相关的跨学科的专业知识有规则地整合起来，这样既不浪费资源，也能形成层次合理的综合知识。“1+X 证书”体系下的多技能人才培训拓宽了人才培训质量评价维度，强调了某一专业领域知识的深化和基于学历教育对多技能学习的扩展。注重学生解决问题的能力，适应岗位和岗位延伸的能力，着重培养在校学生的职业能力和专业能力素质。第三，从“1+X 证书”制度下职业院校人才培养质量评价的方法来看，随着社会对人才需求的不断更新，对人才培养质量评价也应在动态过程的基础上，及时调整职业发展评价方法，继续完善“文化素养 + 专业技能”的评价方法。除此之外，职业技能水平证书信息管理服务平台应该与“学分银行”信息互连。平台可以为“1+X 证书”制度所服务的个体进行批量管理，并且依靠大量的数据准确分析学习者的状况，为职业院校的人才培养提供科学的评价方法。

综上所述，三个分析标准，即“1+X 证书”制度下职业院校人才培养质量评价主体、“1+X 证书”制度下职业院校人才培养质量评价内容、“1+X 证书”制度下职业院校人才培养质量评价方法相对来讲比较全面，通过梳理有关职业院校人才培养质量评价的相关内容，根据已构建的三个分析标准，探索“1+X 证书”制度下职业院校人才培养质量评价现状，发现“1+X 证书”制度下职业院校人才培养质量评价存在不足，如政府、职业院校、企业与第三方评价组织四大评价主体协同力度不够，评价内容横向扩展的专业内容杂乱无序等。因此，只有结合三个分析标准分析“1+X 证书”制度下职业院校人才培养质量评价，才能发现问题，进而提出有效的对策。

第二节 1+X 证书制度下职业院校人才培养质量评价对策

一、完善职业院校人才培养质量评价主体

（一）完善“双师型”师资队伍建设

“十四五”期间是中国职业教育改革期间攀登向上发展的关键时期，也是作为职业教育教师提高自身素质，提高工作效率与技能水平的好机会，最重要的是可以解决制约“双师型”教师建设困难这一难题，提高教学能力，构建职业教育“工匠师”。

1. 建立科学统一的“双师型”标准

建立科学统一的“双师型”教师的认定标准，首先要明确从什么维度构建统一的认定标准体系，这需要了解“双师型”教师的本质特征与要求。大多数学者认为双师型教师需要适应时代的发展，跟随市场变化，找准市场发展方向，同时又要具备普通教师所有的特征，教书育人，循循善诱。所以，“双师型”教师应从教学能力（基础知识与技能）、实践动手能力与前瞻性思维三个方面明确认定标准。

就职业教育而言，“双师型”教师的认证标准，首先，他在本专业领域里有一定的建树，

符合教育部门的相关要求。每五年至少有半年的时间到企业进行顶岗实践。所以说针对职业教育的教师是理论和实践相结合的，做与企业横向相关的这种课题，会更有价值和意义。其次，提高“双师型”教师进入教师行业的准入门槛。对职业院校教师发展提出要求，要求教师走专业化发展的道路，从根本上保证职业院校教师的素质。我们可以借鉴一些国外教师培训的经验，从职业教育教师的入职方面严格把关，以保证教师的专业素养。例如，在澳大利亚的职业院校对教师的培训中，新教师上岗前有一年的培训。培训结束后，必须接受教育部门和学校的评估，评估合格后，方可取得教师资格。这些职业院校的教师一般都要求有所从事教学领域相关的工作经验。德国同样要求新入职教师有3年以上的工作经验，进入学校还要经过老教师的培训，培训结束后再参加教师资格考试，考核通过进入职业院校教师的行列，方可教授学生，传授知识与技能。

2. 坚持“双师型”教师培养与培训两手抓

要提高“双师型”教师的素质，必须坚持培养和培训并重。教育部和财政部联合发布了《关于实施职业院校教师素质提高计划的意见》，主要表达了建设“双师型”教师要进行系统设计，采取更多的措施共同实施，同时增加投资比例，从促进教师专业素质，优化教师结构，提高教师培养与培训两方面入手，以促进“双师型”教师队伍建设。除国家政策支持外，职业院校还应采取有效的方式对教师进行培训。首先，对新教师进行岗前培训，提高自身素质和基本能力。其次，对于在职教师，按照规定时间进行校内培训和校外访问培训，并派职业院校优秀的教师出国学习访问。学校要建立“双师型”教师培训中心，并发挥企业的作用，借鉴企业教师和学徒的相关经验，使学校培养的学生毕业后能更好地适应社会。支持并引导专业教师到企业临时任职或短期兼职，对专业教师参与技术创新项目给予一定资金支持或精神奖励，以提升教师的专业能力。

（二）完善职业院校校内实训室建设

1. 合理利用职业院校校内实训室资源

职业院校要合理科学利用好职业院校实训室资源。职业院校校内实训室承担着不同专业的基础与专业实训课程，校企合作的相关项目或课程。在“1+X证书”制度的推进过程中，不仅需要继续做好实训室原有承担的实训教学课程，还要配合技能等级证书考试的要求，配合改革的教材做好相应的实训课的调整，包括实训设备、实训软件、教师课程的安排，使培训课程更加符合职业技能等级证书的考试内容。职业院校把“1+X证书”制度推广到教学过程中，通过人才培养计划、课程计划、课程内容以及教学方法重新规划，实训场地设施等制定新的教学实训标准。依据职业技能等级证书的岗位群能力要求、专业知识和综合能力，按照职业技能鉴定标准，职业素养和技能操作要求，健全实训室建设管理制度，完善职业教育实训体系。

2. 保证职业院校实训室有效共享开放

在职业院校实施“1+X 证书”制度的同时，国家也出台了职业院校学生扩招的政策。所以，加大对职业教育的投入是必然之举。职业院校的培训室建设与校园管理，不仅要符合教育部培训室建设的相关规定，更多的是去思考如何适应一个新时代的发展，在信息化发达的今天，利用大数据、利用科学的方法来提高培训室设备利用率，可以提高设施设备的管理水平，让每个学生都可以在任何时间和地点使用培训室，从而更好地保证培训教学任务的顺利进行。

运用大数据、人工智能等技术与实训室的设备监管、实训教学、职业技能证书培训及认证相结合，开发集实训室设备管理、设备使用情况、设备故障报修及借用、实训课程排课、实训信息发布等功能于一体的实训室智能信息化管理系统。同时，增强实训室共享开放意识，建立健全实训室共享开放机制，利用网络技术搭建一个实训室资源信息的共享开放平台，以保证实训室有效的共享开放。

（三）产教融合，校企合作落到实处

健全政府监督与服务、企业积极参与、行业指导与引领的办学机制，实施加强校企合作办学，逐步实施法律法规，用法律的武器推进校企合作规范化。随着院校的定位转向与用人单位对于高端技能型人才的迫切需求，为职业院校进行下一步校企合作提供了较好的发展机会。

1. 企业与学校共建二级学院，实现协同育人

企业与学校共建二级学院是探索与完善校企合作的重要方法。首先，具有引领带头作用的行业组织应该建立指导委员会，与学校建立合作关系，共同搭建发展平台，改革教学计划，共同研究、制订人才培养方案，为了资源共享的目标而努力；其次，建立二级学院，在学校与企业联系交流密切的区域，探索校园与工厂对接的新模式。学校可以单独从不同的专业中抽调出来一些学生，到企业进行工作，而企业也会植入他们的一些课程到教学当中，同时企业的领导也可以担任二级学院的职务，共同开发人才培养方案，共同推进校企合作的项目，包括师资队伍的建设，专业的建设等。可以在企业里开设课堂或在学校里开设小规模的工厂，让学校里的学生与企业工人有更多时间交流、吸取经验，实现双赢的效果。通过学习与企业共建二级学院，可以为企业单位贡献技术服务、新品研发以及劳动力，为学校实现人才培养与岗位对接，促进教育与产业融合发展。

2. 以专业群为主体点对点开展校企合作

首先，实施点对点的校企合作，职业院校要分布在中小型企业聚集的地方，中小型企业聚集的地方行业分布广泛，有利于职业院校某一专业开展点对点的校企合作。其次，职业院校开展点对点校企合作要以专业群为主，因为职业院校的专业相对广泛，相似专业之

间肯定是有联系的，把具有相同特点的专业整理归纳形成专业群，一个专业群形成一个理事会，理事会负责与企业对接，对于课程设置、教学方法等事项进行交流融会，把学校的人才培养方案与企业的岗位要求结合起来。这样就解决了用人单位找不到合适的人才，职业院校学校毕业找不到对口工作的难题。最后，职业院校的一个专业或者组合形成专业群可以与多个企业进行合作，不管是企业还是学生都有更多的选择方案，以达到促进整个区域经济的发展，让学校形成人才储备库，满足区域多数企业的需求。

（四）充分发挥第三方评价机构的作用

1. 第三方评价机构与学校形成有效的沟通机制

目前，在管办评改革的大教育背景下，提倡权力下放，引入第三方评价组织到教育评价中，但是仅仅有第三方评价组织的努力和政府的倡导是远远不够的，很难达到我们期望的目标，还需要学校与企业行业的参与，学校与第三方评价机构形成一种合力，建立有效的、长期的交互渠道，加强联络，相互促进，共同发展，改变各自为政的局面。当然，第三方评价组织自身也要提高威信力，提高第三方评价组织的入行门槛，高标准，严要求，要建立严格的规章制度，净化行业环境，让第三方评价组织达到社会信赖，政府放心，学校积极参与的有序状态。

2. 第三方评价机构要提升自我意识与市场意识，促进自我发展

第三方评价机构要达到独立的、可持续发展的状态，最重要的是提高自身能力的发展，政府、企业、职业院校以及其他相关利益方的组织等都属于外部环境的支持。首先，建设完备的、高效的、专门的第三方评价机构，聘请职业院校的学者专家，具有评估资质的教师，龙头企业内部人员以及任课教师组成优质的评价考核队伍，提升团队的专业化水平。处理好与政府部门之间的关系，树立客观公正的评价理念，不应该受到政府利益驱使，与政府部门尽量分离，做到独立。其次，第三方评估机构应该具备市场意识，联合其他同门机构，形成一股力量，建立自己行业的标准制度，以促进第三方机构长足的发展。在形成第三方评价机构之前，设置的前提条件方面、评价过程中的标准与程序方面、评价结果的公示与监督方面都应该进行规范管理，只有这样，才能提高第三方评估机构的话语权。最后，第三方评估机构要注意评价方法的客观与公正，并提高自身服务质量，满足社会与市场的要求，让职业院校真正看到第三方评估机构对学生评价所起的作用，而不仅仅是流于形式。在信息化发展的背景下，第三方评估机构不仅要正确运用互联网，而且还要对评价结果建立信息共享机制，接受社会监督，以此提高社会公信力。

二、完善职业院校人才培养质量评价内容

（一）职业技能等级证书标准融入人才培养方案

1. 专业对接产业

职业院校的专业设置要与市场经济发展策略相结合。职业院校对人才培养规格的要求决定了在校学生应该要学习哪些专业，包括基础知识与技能水平的学习，所以专业的选择，学科的设置关系到人才培养质量的评价内容，使专业与市场的产业对接能够使“1+X 证书”制度更好地融入学校人才培养的方案。

首先，职业院校要去市场进行调查，了解人才需求动向，将调研数据进行整理分析，明确人才需求的方向与标准，根据“1+X 证书”制度的内涵与职业技能等级的标准，进而制定职业院校的专业目录，并将其反映在学校人才培养方案上。职业院校专业设置要与职业教育的发展密切相关，制订科学合理的专业设置方案，针对不同层次的职业学院教育，合理规划学生的专业人才培养方案。其次，职业院校要以区域经济发展为准绳，把握好本区域产业的特色与发展方向。专业链对准本区域的产业链，注意总结产业发展的整个过程，产品出售过程以及售后服务等一系列问题与经验，这些实际经验都可以作为对接职业院校专业的前提，让生产过程对接学校学生专业建设，促使企业与学校共同发展。汽车产业链有汽车产品的研究、产销以及售后服务等环节，职业院校可以根据产业市场的需求与变化对应设置相应专业。最后，院校应该不断地去调整本学校的专业构成，以达到适应本区域产业发展的变化。学校部门应该把过时的专业删减，加强涉及面广、多领域的专业，把相似的专业归纳合并，优先设置高新技术领域的专业。

2. 课程内容对接职业岗位

职业院校的课程内容设置要与企业岗位对接。首先，开展人才培养计划修订之初就应该与企业培训岗位进行对接。邀请企业内有经验的老员工到职业院校进行技能培训、人才培养研究，将企业在生产和设计方面的部署要求或标准作为学校人才培养的标准，尝试改变简单地增加技能的方式，如仅仅根据职业技能等级证书考试的内容在学生学期末进行强化训练，这样学生获得的知识不够系统性。课程内容设置与企业岗位对接使学生在完成教学任务的同时也进行了职业技能等级证书相关内容的培训，并获得了企业的岗位能力。其次，把岗位技能有关的知识与专业技能进行整合，形成有针对性的课程体系。课程内容的建设要完美地体现工学结合，基于工作过程的课程内容。职业院校与企业进行深入的合作，教师可以获得本专业主要课程教学需要的第一手资料。这些资料或者教材都是企业有经验的老员工或者本行业的专家根据自己的带徒经验所编写的，具有很高的参考价值。教材可能涉及大量的真实语料与个案研究，形象生动，容易操作，适合职业院校教师培养学生的岗位能力。

3. 教学过程对接生产过程

职业院校教师应在教学过程中让学生认识到企业的生产过程，教师负责讲解一线工人真实的工作环境，可以进行现场参观，运用电子信息技术进行模拟训练。以“工学结合、产教融合”为培训的开端，以电子信息模拟实训平台为载体，让学校教学情境连接企业真实生产场景、实训方式连接模拟训练仿真、教学策略连接智能化功能等为手段，从理念、方法和实践上，赋予实践教学新的内涵，形成全新教学形态的校企合作、“虚拟仿真工学结合”的新理念。在电子信息模拟实训平台系统里，加入了职业能力素质要求、行业规范、工艺流程、操作规程、生产管理标准以及职业技能资格考核标准等全过程自动跟踪考核评价功能，创新了可实时交互、全程跟踪、指导反馈的满足个性化要求的智能化、客观化和社会化的评价体系。

（二）重视职业院校学生基础知识的评价

“1+X 证书”中的“1”与“X”一样重要，所以职业院校基础知识的评价不能被忽视，基础课应包含公共基础与专业基础。

1. 重视公共基础课的地位

公共基础课是专业基础课的基础，是提高国民整体素质必备的课程，在以职业技能为重的职业学院进行人才培养绝不能忽视公共基础课的作用。只有通过学习基础课程才能更好地获得职业教育中的技能知识，更好地学习其他学科的知识，才能对学到的知识进行熟练运用，也只有通过专业课与基础课融合学习才能达到学生职业能力提升的目的。研究发现，基础知识的学习能力强的学生，同时也具有较强的创新能力，他们可以运用基础知识解决难题，活学活用。学院的教师在教学中应该采用多种教学方法，开发学生发散性思维，培养学生创造性思维。

2. 专业基础课与技能课密切衔接

职业院校学生只有在一定理论基础的指导下，在实际操作中才能发现存在的问题，才能有所改进与创新。忽视专业基础理论知识可能大致仅仅掌握了一种机械的操作，无法解决更复杂的问题。在实际教学过程中，专业基础课与技能课应该密切衔接，可以通过实训课程更好地提高职业院校学生的专业技术能力。教师的教学过程应该体现企业生产的过程，对于生产中存在的问题应该抛给学生，将理论与实践结合起来，检验学生解决问题的能力，让学生认识到理论学习与联系实际的重要性、专业基础课与技能课密切衔接的重要性。同时职业院校专业基础知识要与时俱进。在经济转型发展、创新社会管理的背景下，迫切需要职业院校培养更多的会管理、会经营、懂技能的技能型人才。

（三）重视职业院校学生职业能力的评价

1. 提高职业院校职业能力培养目标

随着“双创”驱动发展战略和“1+X 证书”制度的不断发展，该体系促进了多技能和复合型人才的培养，基于单一的专业技能的专业能力已无法适应当前的经济发展，所以需要更高的综合专业能力所代替。综合专业能力具有的特征是，出现意外情况或单位发生变化时，从业者不会无所适从，不会因为原来的专业技能不再适用于新职位的需求而无法继续生存。因此，职业院校应把学生的综合职业能力作为培训的目标，应特别注意训练学生独立解决问题的能力、动手动脑能力，使其在以后的就业和创业过程中具有较强的适应能力。当然，随着社会的进步与职业教育的发展，职业院校的培训目标不能仅仅要求学生懂技术、会操作，还要要求学生有情商、有情怀，有责任感。为了实现这个目标，职业院校应通过相关课程加强培养学生的人文精神。

2. 更新职业能力的教学模式

为了对学生进行综合职业能力的培养，职业院校教学活动的程序应有以下特点：第一，以工作过程为导向，根据实际工作中具体的要求开发实践课程，设置教学纲要。综合职业能力培养教学模式主要强调实践模式与实际解决问题的能力。第二，根据教学目标的要求，有效地整合教学内容，将实践教学中运用的专业理论知识和操作技能整合为多个综合知识模块，然后根据需要对知识模块进行优化，分模块进行知识的传授更加高效，有利于学生的理解。

三、完善职业院校人才培养质量评价方法

（一）树立科学的教育评价导向

随着经济发展与教育改革的深入，以考试为主要标准的评价方式的局限性越来越凸显出来。因此，改革教育评价方法要树立科学的教育评价寻向，建立与时俱进的综合评价制度。发达国家对职业学生的考核评价十分严格，非常重视学生的综合实践能力，技能考核基本取消了所谓的“正确答案”与“题库”，每个证书的获得都非常关注学生技能学习的情况，所以，对于考试考核应该严格要求，对于理论考试和技能考试，不划定任何审查范围，都以教师讲授过的专业知识为准。实践技能考核基本上是真实的环境模拟训练，整个考核过程都贴合企业岗位的实际任务，这样就会让学生获得的专业技能与实际生产需要密切相关。

其中，考核有一个反馈环节，即在理论和实操考试过后，考评师要对每名学生的考试过程与结果进行反馈，以便了解考核中学生的哪些知识点掌握了或者没掌握并作出总结，这样能够使学生对以后的学习对症下药，而那些没有通过考试的考生也会知道自己的问题

所在。职业教育的评价也要符合职业教育理念。在考试中重视实际操作与现场模拟，记录学生对于操作安全方面是否注意、操作流程是否正确等细节。理论的考核也要紧紧与实践联系，考核过后形成反馈，让学生根据这些反馈进行查漏补缺，还可以对反馈结果进行表态。

职业教育的类型地位需要由教育质量来保障，构建卓越的质量评价体系是新时代职业教育高质量发展的必然要求。以人为本作为职业教育质量评价的根本出发点，破除“五唯”痼疾，以高站位的评价观引领科学的质量观，使社会对职业教育的价值期盼和质量期待形成同频共振。以学生、家长、社会的认可程度作为教育评价的指标，以学校对地方的贡献度作为办学质量的指标。尤其要把握好职业院校与经济社会发展的协同共生关系，在新发展理念的指引下，将科技创新全面纳入职业院校评价范畴，畅通职业院校对接区域重大科创平台，融入区域创新驱动发展，发挥职业教育在科技创新、技术研发、产教融合等领域的积极作用。建立“归正”的评价机制，运用行业企业和社会评价手段，将督、评、诊、改相结合，以刚性的评价机制推动建立产教全面融合、校企全力协同的质量管理体系，形成以质量为导向的职业院校办学治理新格局。

（二）探索增值评价，提高评价方法的科学性

“增值评价”看重的是学生的进步程度，学生在学校学习的过程中或不同阶段获得的学习成果的变化，通常以“增量”来进行学的评价。如学生入校时通过测试获得的结果是70分，通过一段时间的学习学生测试达到80分，那增长的10分就是学生进步的部分，我们将这一部分作为学生这段时间的评价标准，而不是将最终测试获得的80分为评价标准。这是对学生最客观、最公正的评价，有利于学生进步与成长。

“1+X证书”制度下对职业院校学生进行考核不能一言堂，要关注学生的进步与成长。在招生录取过程中，职业院校的学生是排在最后批次的，所以，职业院校不太容易被社会公众认可。在此情况下，采用传统的评价方式评价职业院校的办学成果和人才培养的质量，难免有失公允。我们应该看到学生从入学到获得技能的进步，用增值评价的方法，找回学生的自信，真正提升人才培养的质量，改变社会、家长对职业学生固化的看法。我们可以采用增值评价法，重在看学生进步，学校变化的那个指标。也可以通过“增量”进行对比体现学校的优势与成绩，从而更加客观、准确地评价各校的教学水平。

（三）建立国家统一的“X证书”考核标准

“X证书”的考核与评价是“1+X证书”制度实施的最后环节也是重要一环，如果考核评价这一环节落实不到位，就会导致学生获得的证书真实性大打折扣，学生的技能水平很难保证，这就失去了“1+X证书”制度实施的真正意义。建立国家统一的“X证书”考核标准，能确保“X证书”的有效性。首先，建立统一的职业技能等级证书培训题库。虽然每个培训评价组织的标准与规范不太一样，但是为了确保职业水平鉴定考核的公平，应该统一建立

一个国家考核的题库，实行统一的题目进行发放抽取考试，这样的考核结果更具说服力。在国家总的考核题库里应该有多于100套的题目可供选择，培训评价组织进行考核的时候，从题库中随机选择题目，组成一套考题，考题在考试之前进行密封保存。其次，培训评价组织对学生的考核采用浮动评价，每次都要筛选出不合格的成员。为了保证考核通过的真实性，也为了“1+X 证书”制度真正发挥其提高学生技能水平的作用，应对技能等级证书实施动态的考核评价，进而保证“X 证书”是有价值的。“X 证书”的考核评价是对学生的测验，更为用人单位选拔人才贡献力量。最后，监考老师的分配应该随机抽取。监考的地点随机，每年不能是固定的；随机分配评判教师，并将评判的结果加密后放到专门的网站。

（四）学校学业评价与职业技能考核融合

推动学校学业评价与职业技能考核融合，打破原有评价制度的局限性，实现评价体系的变革，真正让评价促使职业学院学生技能的提升，以实现职业院校培养人才与社会企业用人的有效对接。基于以人为本的整体性评价观与学生职业生涯发展需求，关注知识、技能与素养三个维度，将课程评价与职业技能鉴定“合二为一”。这种融合，是把学历证书和技能等级证书的内容融合到课程当中，既可以减轻老师的压力，也可以减轻学生的压力。对现有的教学内容做一个调整，把教学体系、知识体系与企业社会的实际需求对接。在“1+X 证书”制度实施的大背景下，在学校与培训评价组织多部门联动机制的保障下，彻底改变了“双证书”制度实施过程中出现的“两张皮”现象，扭转了专业教学中考证的“应试”倾向，极大提升了专业教学的效益与效率，大大降低了人力资源的培养成本，进而推动了职业教育人才培养与企业人才需求的对接，更好地服务学生终身发展。组织学校按照新的评价体系和考核要求，实施“融通课程”考核。理论基础知识与技能知识的考试由学校组织，出题人应与在校上课的教师分开，主要采用闭卷或者上机考核的方式。职业技能评价要关注整个教学过程，采用综合性评价，在实训或企业进行实践操作，由培训评价组织鉴定中心统一安排实施。全部课程考核结束后，根据试点学生“双证融通”课程考核情况进行成绩认定，并颁发相应职业资格证书。

参考文献

[1] 王雪松,刘武萍. 1+X 证书制度下高职院校大数据技术专业人才培养模式改革与研究 [J]. 科技风，2023.

[2] 刘雅卿 . 1+X 证书制度下高职院校人才培养研究 [J]. 中国多媒体与网络教学学报(中旬刊)，2023.

[3] 高树平 . 1+X 证书制度下高职院校人才培养模式改革的现实反思 [J]. 机械职业教育，2023.

[4] 岳娇，韩宏伟 . 1+X 证书制度下高职院校物联网应用技术专业人才培养模式探究 [J]. 科教导刊，2023.

[5] 漆翔，周林军，文申柳 . 1+X 证书背景下职业院校“书证融通”人才培养研究 [J]. 湖北开放职业学院学报，2023.

[6] 肖怡文 . 1+X 证书制度下高职院校人才培养质量评价研究 [J]. 河北能源职业技术学院学报，2023.

[7] 吴亮莹 . 1+X 证书制度下高职院校产教融合人才培养模式研究 [J]. 现代职业教育，2023.

[8] 汤跃然 . 1+X 证书制度下高职院校人才培养模式研究 [J]. 山东电力高等专科学校学报，2023.

[9] 于万海，王文龙，李敏 . 新时代高等职业院校高水平专业群人才培养体系改革创新与实践 [M]. 天津 ：天津科学技术出版社，2023.

[10] 徐自远,蔡妍娜 . 专创融合职业学校创新人才培育理论与实务 [M]. 北京:北京理工大学出版社，2023.

[11] 王永钊，程扬 . 职业院校专创融合教育探索与实践 [M]. 北京 ：中国商务出版社，2023.

[12] 由建勋 . 高等职业教育创新创业人才培养系列教材创新创业实务第 3 版 [M]. 北京 ：高等教育出版社，2023.

[13] 王岚 . 高职院校现代服务业人才培养研究 [M]. 北京 ：中国社会科学出版社，2023.

[14] 刘伟杰，罗琪，周露林 . 1+X 证书制度下体育高职院校人才培养模式改革初探 [J]. 体育视野，2022.

[15] 康静 . 1+X 证书制度背景下国外职业院校人才培养模式研究与经验借鉴 [J]. 基础教育课程，2022.

[16] 郑小飞 . 职业院校专业群个性化人才培养模式创新与实践 [M]. 北京 ：中国纺织出版社，2022.

[17] 郑艳秋，叶玉曼，周林娥 . 职业院校专业人才培养体系构建及专业课程开发指导手册 [M]. 北京：电子工业出版社，2022.

[18] 赵慧．教育前沿我国高等职业院校双师型人才队伍培养的实践研究 [M]. 北京：中国原子能出版社，2022.

[19] 陈碎雷．1+X 证书制度下高职复合型技术技能人才培养探索与实践 [M]. 北京:冶金工业出版社，2022.

[20] 王成荣．职业教育贯通培养模式研究 [M]. 北京：中国商务出版社，2021.

[21] 郭名．新时代技能人才职业适应能力研究 [M]. 北京：中国铁道出版社，2021.

[22] 韩艳赞．职业院校专业群组织体系构建研究 [M]. 长春：吉林人民出版社，2021.

[23] 彭朝晖，张俊青，杨筱玲．职业教育适应性提升职业院校专业建设特色化研究 [M]. 北京：北京理工大学出版社，2021.

[24] 于莉，王颖，孙长远．职业教育校企合作的理论与实践 [M]. 长春：吉林人民出版社，2021.

[25] 杨岭，刘慧．高职院校技能型创新人才培养研究 [M]. 厦门：厦门大学出版社，2020.

[26] 柴蓓蓓．信息时代下高等职业教育发展 [M]. 长春：吉林出版集团股份有限公司，2020.

[27] 方莹，于尔东，陈晶濮．职业院校“双师型”教师培养研究 [M]. 秦皇岛：燕山大学出版社，2019.